宽为师

推开教育的另一扇窗
——走向有意义的写作

王维审 著

山东文艺出版社

图书在版编目（CIP）数据

推开教育的另一扇窗/王维审著.—济南：山东文艺出版社,2018.6
ISBN 978-7-5329-5624-1

Ⅰ.①推… Ⅱ.①王… Ⅲ.①师资培养—中国 Ⅳ.①G451.2

中国版本图书馆 CIP 数据核字(2018)第 096703 号

推开教育的另一扇窗
——走向有意义的写作

王维审　著

主管单位	山东出版传媒股份有限公司
出版发行	山东文艺出版社
社　　址	山东省济南市英雄山路189号
邮　　编	250002
网　　址	www.sdwypress.com
读者服务	0531-82098776(总编室)
	0531-82098775(市场营销部)
电子邮箱	sdwy@sdpress.com.cn
印　　刷	肥城新华印刷有限公司
开　　本	710毫米×1000毫米　1/16
印　　张	15.25　插页/2
字　　数	200千
版　　次	2018年6月第1版
	2020年6月第2版
印　　次	2020年6月第3次印刷
书　　号	ISBN 978-7-5329-5624-1
定　　价	42.00元

版权专有，侵权必究。如有图书质量问题，请与出版社联系调换。

自序：推开教育的另一扇窗

这个题目是多年前我写过的一篇文章的题目。

彼时，文章说的是面对问题学生，教师应该学会"换一扇窗子"来看待他们。此时，我把它拿过来作为本书的题目，是因为"推开另一扇窗"所表达的，也是教师成长所要遵循的一种理念。而对这一理念的理解，我想借助一个故事、一个成语和我的亲身经历分享给大家。

一个故事

美国的一个小男孩，天生就有一只大鼻子。因为这只大鼻子，他在学校几乎成了每个同学嘲笑的对象。他因此而成天闷闷不乐，不爱和同学打交道，不愿参加班上的集体活动，只是常常趴在教室的最后一扇窗户边看风景。

老师玛丽亚发现了小男孩的忧郁。一次课后，她走到小男孩身边问："你在干什么呢？""我看见一些人正在埋葬那条可爱的小狗。"男孩子悲伤不已。

"那我们到前面的一扇窗户边去看看吧。"玛丽亚牵着小男孩的手来到另外一扇窗户边，"孩子，你看到了什么？"

窗外是一大片玫瑰花，开得芬芳而灿烂，小男孩的悲伤顿时一扫而光。"孩子，你开错了窗户。"玛丽亚抚摸着小男孩的头说，"你知道吗？在老师的心目中，你的鼻子是最可爱的。"

"但大家都笑我啊。"小男孩深感委屈。

"那是因为，你没有换一扇窗户把你鼻子最可爱的一面展示给大家看啊。"

恰好，学校有一个小型话剧演出，一个角色很适合小男孩。在玛丽亚的指导下，小男孩鼓起勇气参加并获得了成功。因为他的大鼻子，人人都记住了这个校园里的小明星。后来，小男孩参加美国在线节目的演出，名声大振。再后来他进入好莱坞，成了最受欢迎的明星之一。这个小男孩叫斯格特，是20世纪美国最著名的滑稽明星之一。

是的，对于某一种衡量标准来说，我们的身上总会有一些"糟糕"的缺陷。以教师的成功模式为例，在大众的心目中，一个教师的成功与否就在于能否得到教育行政的认可，而成功的大小，则体现在认可自己的教育行政级别的高低。但是，各级行政评选属于典型的"僧多粥少"，能否喝到这口粥除了需要自身的努力以外，更需要的是恰到好处的幸运和某种微妙的"机遇"。同时，任何评选都有其特定的选拔标准，都是为了筛选出符合标准的"成功者"，这也就限定了只有某类人才可以获得认可。

抛开这些不说，单就行政评选的选拔性来看，绝大多数教师都会成为受冷落的"大鼻子"美国男孩。因为行政评选是有名额限制的，名额的限制本身就决定了大多数人的失败。举个简单的例子，如果某个骨干评选的名额比例是5%，那么其他95%的人就会被淘汰，从而成为郁郁寡欢的失败者。如此，对于教师来说，倘若只是紧紧盯住某一种成功标准不放，想不到要换"一扇窗子"来看待成功，意识不到换一种思考和行动的方式来获得成功，就会永远沉溺在愁闷苦恼之中，从而失去努力的勇气和可能。

其实，只看得到外在评选出来的成功的人，最终都会因无法抵达或者顺利抵达目标而失去努力的激情。对于教师来说，给自己一个成长的方向，自觉、自主地为之而努力，争取一种自我的成长与成功，无疑就是推开了适合自己的那扇窗子。

一个成语

在生活中，我经常听到老师们的种种抱怨；在网络中，我经常读到老师们宣泄的种种痛苦。

屈得慌，似乎成了教师群体的普遍心态，人人都觉得自己委屈。评优没评上的委屈，评上优但没评上更高一级的也委屈；职称弄了个中级的人委屈，弄上副高的仍然委屈。甚至，更浅一点地说，多上了一节课委屈，接了个差班委屈，少了一句表扬也委屈……原因很简单，每一个人都有一个熟悉的参照物：为什么他评上了，我没有评上？为什么他干得少，我就要多干？于是，便痛苦了，且不能自拔。

冤得慌，也是教师群体中比较流行的心态。明明自己很努力，却被领导误认为不安心工作；一心为了学生好，却被家长误解为自私自利；原本只是想获得成长，却被同事误会为哗众取宠。对学生，打不得，骂不得，还要让他们安安静静、本本分分地学习；对家长，说不得，用不起，还要和他们站成"统一战线"外加"革命同志"；对领导，近不得，远不得，还要恰到好处地让他们看到自己的成绩和付出。那么，只好冤枉自己了，违心地应付，费力地讨好。于是，便痛苦了，且越陷越深。

于是，我们便听到了很多放弃努力的说辞：没有好学生，累死了也教不出好成绩；没有好家长，怎么能培养出好学生；没有好领导，再怎么努力也不会成为"千里马"。大多数人，把自己的成功放在了他人的身上，似乎好学生、好家长、好领导凑齐了，自己才有可能成功。而之所以自己没有成功，则是因为"他人"的缺位。

还有一些人，吃过苦，受过累，遭受过一些挫折，就觉得命运对自己不公，就认为自己放弃努力也是理所当然。同时，没有靠山和背景，不懂世故和圆滑，也被很多人视为个人不成功的原因。这些，看起来似乎句句在理，却在无意中犯了一个浅显的错误，那就是把成功的获得维系在了"他人"和"环境"上。

因为有了不公平的现实，因为有了痛苦的遭遇，许多人便心安理得地选择了颓废，选择了随波逐流，选择了放弃成长。似乎，世界有病，每一个人就应该顺其自然地被感染，并踏实地甘于平庸。

我们似乎忘了，还有这么一个成语——蚌病成珠。

蚌病成珠，意思是"珍珠由蚌痛苦孕育而成"。从珍珠的形成过程来看，蚌因身体上嵌入沙子，而不断分泌物质来疗伤，到了伤口愈合，旧伤处就出现一颗晶莹的珍珠。也就是说，珍珠源自蚌的痛苦，正是因为有了痛苦，才有了价值连城的珍珠。

你看，蚌无缘无故受到了沙子的侵入，既冤又屈，却在苦痛中孕育了光彩夺人的珍珠。由此可见，痛苦本身并不是一个人颓废的理由，不幸、失败与损失也有可能使人生得以升华和超越，成为我们获得成功的有利因素。问题的关键在于，你怎样去面对痛苦，并愿意为此而付出怎样的努力。

我认为，比较理智的做法是：像蚌一样，接受并包容痛苦。如此，不仅可以实现自我疗愈，还有可能创造出预想不到的成功。无疑，这是推开另一扇窗后，生命的一种最好姿态。

一种坚持

我对前面的故事印象很深刻，对前面成语的理解也比较深入。究其原因，大概是它们比较透彻地映射了我的人生经历。或者说，它们无时不在给我提供精神上的支持和支撑。

说心里话，一直到今天，我都觉得自己不是当老师的材料。前几年，我经常去做新教师招考的面试评委，每每看到年轻的准教师们面对一干陌生人侃侃而谈时，心里总会有一种莫名的庆幸：幸好毕业那年师范类毕业生还直接分配工作，假如我是在今天参加教师招考，肯定会在面试一关被淘汰。且不说天生内向的性格可能会让我面对评委张不开口，即使张嘴说话，那"普通"得不能再"普通"的普通话也会笑掉评委们的大牙。

不知哪位名人说过"性格决定命运"，对此我深信不疑。木讷而内向，天生的执拗，不肯低头的顽固，交际能力的缺失……这些性格上的缺陷，一度让我的命运比同时期的人多了很多坎坷。先是当临时代课教师时屡遭戏耍和轻视，后是成为公办教师早期经受的种种不公，一度让我因悲观而彻底失望，以致绝望。

那个时候，整个人都是痛苦的，整个人生更是灰暗无比。幸运的是，在这样的痛苦面前，我选择了"蚌病成珠"式的隐忍和突围，利用文字一点点地修复伤痕，一点点地叠加努力，一点点地将灰暗抹淡，直至带来亮光，露出生命本来的颜色。

将文字与教育之间画上关联符号，源于一次偶然。初为人师，没有一丁点儿经验，遇到了一个调皮厌学的学生，几经交锋，我便黔驴技穷败下阵来。无奈之际，信手将过程记录下来，顺便抒发了自己的挫败与愧疚。偶然地发表，偶然地让学生读到，偶然地让学生发生了变化。从此，我相信了文字的力量，相信了文字对于教育的意义和价值，开始了教育叙事写作之路。

最初，叙事写作的主要目的是通过记录亲历故事，在反思中获得教育经验的增长；后来，故事开始被用于班级管理之中，成为班级管理的途径和策略；再后来，故事成为改变教育的元素，成为教育研究的核心。故事，就这样被我一点点地拉长与延展，一点点地改变了自己的教育实践与气质。一晃二十年，二十年来的坚持让偶然变成了成长的必然。

这其中，最为重要的是坚持。

二十年前，在刚刚开始走上叙事之路时，我的身边有很多人一起在行走，有很多人甚至走到了我前边很远的地方。一度，我把他们视为自己的榜样和追逐的目标。慢慢地，同行的人越来越少。坚持，是一件很寂寞很累的事情，是很难单靠喜欢与激情维系的一种行动。

我想，我能够在叙事的道路上走到今天，原因应该有两个，一是我确实喜欢叙事，二是我挺过了坚持的高原期。事实上，喜欢一件事很简单，而坚持一件事很难。如果一个人能够把自己喜欢的事情，持续用心地做下去，并在数年之后，仍然没有被现实的琐碎打败，那么，这个人的魅力就足够吸引人。

可以这么说，一个人，自己喜欢做的事情是爱好，把喜欢的事情持续不断地做下去是坚持，当爱好被义无反顾地坚持下来，那就可以叫成功。

太多的人之所以没有成功，缺少的往往就是这份坚持。

回顾二十余年的教育经历，最让我欣慰的就是：在可以选择颓废的日子里，我没有放弃希望；在艰难的行走中，我始终坚守着最初的那颗心；在看似走投无路的时候，我用文字推开了教育的另外一扇窗。

2017年1月于羲之故里

目录

自　　序：推开教育的另一扇窗 / 1

第一章　教育写作：教师的自我成长之路
　　把现实敞给你看 / 3
　　世界的好坏由你来定 / 11
　　成为自己的样子 / 22
　　我的教育写作三阶段 / 38
　　我是什么样的"样本" / 48

第二章　问题性写作：改变教师的教育实践
　　问题是教育写作的理由 / 57
　　叙事是最基本的写作形式 / 69
　　教师写作的基本姿态 / 86

第三章　专题性写作：修炼教师的教育情怀

　　针对一个人的叙事写作 / 97
　　朝向成长的随笔专栏写作 / 118
　　以班主任工作为主的专题写作 / 130

第四章　研究性写作：建构教师的教育理念

　　发现故事的教育价值 / 149
　　叙事写作与叙事班会 / 156
　　叙事写作与国旗下讲话 / 166
　　叙事写作与叙事德育 / 172

第五章　叙事者：带给更多人成长的可能

　　从逼自己开始 / 179
　　开花是未来的事情 / 189
　　一位挑战者的成长样本 / 206
　　从"挑战活动"到"成长团队" / 219
　　为了更好地行走 / 225

后　记：关于"叙事者" / 230

第一章
教育写作：
教师的自我成长之路

　　我认为，人的成功有两种方式：一是雕琢，就是通过不停改变和修正，让自己逐渐趋向于某种既定的成功标准，这流行于各种行政意义上的成功；二是凿井，就是守住身上的某一特质坚定地走下去，让自己的特长成为特色，并在某一领域做到极致。

把现实敞给你看

感谢那些带给你困难和障碍的人，如果没有他们的压力，你就不会去寻求改变，找到更好的方法；感谢那些把你推出舒适圈的人，不管他们是出于善意还是恶意，对你来说都是成就卓越的动力。

我只是个临时代课教师

1991年，我在一所农村初中做英语老师。那是一所与邻县搭界的偏远乡镇中学，和我一起走进这所学校当老师的，还有我的几个初中同学。所不同的是，他们是公办教师，我只是一个临时代课教师。

三年前，我们一起参加了学校、中心校和市里的系列中专预选考试。在市级预选考试结束后，市里的两所重点高中从考生中选拔了一部分成绩突出的学生，这些人无须再参加中考，直接获得了升入重点高中学习的资格，时称"截留"。被"截留"，在当时是一个很值得炫耀的事情：从长远看，那将意味着更加美好的未来，重点高中、重点大学；从近处看，意味着不用再苦心竭力地备战中考，在五月份就可以悠闲地坐看其他同学接受考试的煎熬。我就是那年被"截留"到重点高中读书的幸运儿之一，而他们则继续参加了中专考试，并顺利考上了师范学校。

三年后，我高考失利，在家里待了一段时间后，托人找关系进入这个学校，成了临时代课教师，每个月工资不足三十元。他们完成了师范学业，被国家分配到这所学校，成了正式的公办教师，每个月工资一百六十多元，差不多是我的工资的六倍。而事实上，临时代课教师与公办教师的差异，绝不仅仅体现在工资的差距上。在一些更加细微的地方，那种差异才是真正的人生之痛。

开学后不久，学校开始为刚刚参加工作的新教师分配单身宿舍。在学校张贴出来的公示单上，有他们的名字，却没有我的。在他们的怂恿之下，我壮起胆子去问总务主任。总务主任姓刘，是个不善言辞、足够严谨的人。我说："刘主任，咱们学校还有没有单身宿舍？我家太远了，也想要个宿舍，有时候可以住一住。"刘主任侧过脸盯着我，过了好一阵子才慢慢地说："宿舍倒是有很多，但是咱们学校有规定，宿舍只能分给公办教师。民办教师都没有资格要宿舍，别说你了——你只是个临时代课教师呀！"

然后，他又给我讲了很多教师层次方面的东西。在一所学校里，教师分为公办教师、民办教师和临时代课教师三大类别，民办教师还要分为"省在编"（在省里备过案的）和"市在编"（在县级市里备过案的），不同层次的教师，享受的待遇是不同的：公办教师就是正儿八经的教师，他们工资高、地位高，是学校里的上层社会；省在编的民办教师居第二位，别看工资不高，但是有机会"转正"，说不定什么时候就能步入公办教师之列；市在编的民办教师居第三位，暂时没有"转正"的机会，但毕竟在市里有名，说不定哪天就有资格享受"省在编"待遇（我很佩服刘主任的先见之明，几年后，"市在编"就有了"转正"资格）；临时代课教师地位最低，不会有任何上升的机会，等学校不缺老师了，就会被清退回家。说完这些，刘主任意味深长地看了我一眼，补充了一句："年轻人，别贪图这点舒服，说到底你只是个临时代课教师，还是找个正儿八经的活儿干吧！临时代课，不能养活你一辈子。"

人有一种坏习惯，总是接受不了别人真实的轻视，总会把它看作是对自己的讥讽。其实，我很感谢刘主任。在这个世界上，很少有人会以这么直接的方式把现实敞给你看，让你看到你不曾知道的、不曾去想过的另一面，让你明白自己所处的环境到底有多么恶劣。但是，已经做过几天老师的我，却在不知不觉中贪恋上了站在讲台的感觉，我还是想在教书的路上走下去。虽然，我只是个临时代课教师。

人的痛有两种

如果说，"宿舍事件"于我是一种剧烈疼痛的感觉，那么，后来的一切算什么呢？

学校的会计姓高，是个比较喜欢喝酒的人。关于他酒后的种种，在老师中流传甚广。让我深刻记住他的，倒不是他喝酒之后的行为，而是他在发工资时的一个小习惯。那个时候，还没有工资卡之说，所有老师的工资都是以现金的形式发放，而发工资的那个人就是老高。老高发工资时有个习惯，那就是把钱递给你时喜欢吆喝一声钱数。"张老师，哎哟，183块，拿好拿好！""李老师，172，嗯嗯，拿着拿着！""小王，28.5，快快，拿好了！"

这样的吆喝，对他来说只是个口头习惯，对于公办教师来说也只是个提醒，但对于只拿28.5元钱的我来说，却是个折磨。因为，每当此时，总会有人侧目而视，虽然什么也不说，但单是那目光，就够我浮想联翩，以至于好几天心里都不舒服。后来，每个月发工资的那天，就是我最惧怕的日子。本来，领工资应该是件无比幸福的事，却成了我绕不过去的一个结。

我所在的英语教研组是个比较特殊的群体，十几个人的办公室里，公办教师不过一两个人,其余的老师绝大多数都是民办教师,不管是省在编还是市在编,都还是一个月只拿几十块钱的人。在这个办公室里,工资的差距不是很大,大家的身份也都还比较接近。所以,相对于整个学校来说,英语组更像是一个特区,一个可以让非公办教师放松和暂时忘却身份的地方。每到课余时间,都可以听到里面朗朗的笑声。在那里,我享受到了少有的温暖,但偶尔也会遇到不经意的伤害。

办公室里几个年龄偏大一点的老师,性格与脾气都特别好,又都喜欢讲笑话、开玩笑。在没有网络的时代,大家聚在一起说说话聊聊天就是最好的消遣。我们的办公室,无疑成了聊天的最佳地点,整个学校喜欢热闹的人都会不约而同地聚到这里。我喜欢听他们的笑话,也喜欢看他们开一些或荤或素、或大或小的玩笑。那时候,年龄较小的我时时成为他们开玩笑的素材。

有一次,一位美女公办教师到英语组里闲聊,在聊到婚姻问题时,师范毕业的她大诉苦水,说身边的男老师都不怀好意,与她接近都是为了和她谈恋爱。而她是不愿意找个男老师结婚的,她的理想结婚对象最起码也得是政府机关的小青年。所以,她很苦闷,在学校里处处提防着那些男老师,生怕被别人传出她和某某谈恋爱的"谣言"。没想到,她的话锋一转,冲着我说:"也就和小王在一块儿走路还比较安全,不用有防备之心。"大家都笑,问她原因。她说:"我们之间没有可能呀!你想想……"她的意思是:一个女公办教师和男公办教师在一起走路,别人会以为他们在恋爱;一个女公办教师和临时代课教师在一起走路,别人就不会那么想——因为那是两个不同世界的人。

虽然后来,她也感觉到自己的"玩笑"开得有些大,其他老师也纷纷以更好玩的玩笑来冲淡这份尴尬。但于我,这份"玩笑"却已深植内心,再也无法冲淡或者消失。

而且问题是,类似的事情总会在不经意间发生,说不定什么时候,身份之痛就会在突然间开始，又会在某个时间肆意扩散。所以，在很多时候我习惯把人的痛分为两种。一是直接拿刀子在皮肤上划开一道口子，鲜血淋淋、钻心大痛。但这种痛往往存在的时间较短，并且有治愈的功效，人的很多郁结的东西都是以这样的方式得以释放。所谓的痛快，大概就来源于此。二是在肉的里层植入一根刺，不见血亦无明显的伤口，却能给人以最为严重的折磨。在需要与不需要的时候，冷不丁地刺你一下，让你始终处在一种有苦难言的不安之中。

第二种的痛，最为可怕。而"临时代课教师"无疑是那个时候，我内心里埋植下的最大一根刺。

沉默于圈子之外

我发现，自己慢慢地不再属于任何一个圈子。

那些年轻的公办教师，他们有自己的圈子。他们有共同的话题，有晚上一起疯狂玩耍的自由，有一起玩的游戏，有超级玛丽，有整夜不休的"够级扑克"……总之，他们不需要为自己的未来担忧。

那些年龄偏大的民办教师，他们也有自己的圈子。他们聊得最多的是家长里短，说得最多的是养生之道，最为关心的就是哪一年有了几个"转正"的名额……事实上，他们只需要等待，等待政府安排好自己的未来。

而我，加入不了他们的圈子，也没有资格关心他们的圈子。

我，终于属于了沉默，在自己的世界里做着自己的事。

学校的南墙外是一大片桑树林，林地的深处藏匿着大大小小、长长短短的沟壑。那里，就是我常去的地方。那时候的学校管理并不严格，上完课，若是不愿意在办公室里闲扯，你完全可以自由选择待的地方。我的选择，就是那片桑树林，安逸、安静、无人打扰，更没有人和人之间的那些对比与竞争。最美的时候，就是桑葚成熟的季节。带一本书，斜躺在沟边的草地上，一边吃着发紫的桑葚，一边沉醉在诗歌的世界里。那份惬意，会让我暂时忘掉身边的烦恼，沉浸于诗歌里的悲喜与忧伤。

孤独出诗人，这话有些道理。在寂寞里待久了，人就喜欢用文字码心情。我又开始写诗，写所谓的美文——那个年代最为流行的文学作品形式。

为什么说"又开始写诗"呢？原因是，我曾经写过诗。其实，我的高中生活基本就"毁"在所谓的作家梦上。如果没有成为作家的梦想，或许我会是一个高考的胜利者，已经在某个地方过着无限美好的大学生活。其实，在相当长的一段时间里，我是希望自己戒掉写作的，甚至一度不愿意回忆关于写作的任何片段。但是，鬼使神差，我又开始了自己曾发誓不再涉足的写作之路。并且，还是诗歌，以及在别人看起来纯属无病呻吟的美文。

实在无聊，我也会投稿，并且时有文章发表。那时候，文学作品的稿费还是比较可观的，很多时候一个月的积累会远远超过我的那 28.5 元。于是，我就有了另外的心灵依赖——既然在世俗的较量中我失败了，在心灵上我就要远远超越。读书，写作，投稿，接收稿费，在那片桑树林里，一再的美好正悄悄地发生。

现在回想，能够支撑我走下去的，或许就是那片桑树林。可惜的是，前几年再回那所学校时，桑树林早已不见，那片林地被学校征用为操场。一大片的静谧，换成了塑胶跑道的喧嚣。也许，那段美好，已经再也回不去了。

很难想象，如果没有写作，我这个游离于圈子之外的人要靠什么来支撑生命。所以，我一直坚信一个说法：那些你无法战胜的、克服的、隐忍的、接受的，只要有了文字的介入，都会令你更坚强。

我只能选择逃离

文字是支撑我整个生命的东西。而让我能够守在讲台上，久久不愿意离开的原因，除了前面提到的"贪恋站在讲台上的感觉"外，还有一点，那就是学生并不知道老师的阶层划分。对于学生来说，他们并不知道语文老师是公办教师，也不知道英语老师是临时代课教师。在他们的眼里，你只是个老师，只要你给了他们足够的好，他们就会还你千倍的喜欢。

而我，很享受这种被称为"英语老师"的感觉。站上三尺讲台，无论你工资多少，无论你学历高低，都可以享受到为人之师的满足感。当时的我带三个班级的英语，一个是初三班级，另外两个是初一班级。我所有的时间，不是待在桑树林里读和写，就是在这三间教室里教。这样的生活，让我一度避开了隐匿于身体内的那根刺，以至于忘记了它的存在。

但是，平淡生活中往往会出现某个关键人物，于无意之中改变你的命运。

我任课的三个班级中有一位女班主任，年龄偏大，属于民办教师"转正"后的公办教师。因为听说她说话比较尖刻，所以我一向对她敬而远之，从没有过什么工作之外的交情。

有一天下午，放学的铃声已经响过好久，我夹着一本书从桑树林回学校。对面，一群学生簇拥着一个老师边聊边向外走，是她和她班的学生。当然，也是我的学生，但终归是她的学生，因为她是班主任，我只是个英语老师而已。侧身经过他们时，班里的学生发现了我，纷纷向我问好。我点头答应，同时加快了脚步，以便错过人群赶回办公室。

"班主任，俺们英语老师可厉害了，他写诗，还能发表文章。"身后，一个孩子的声音在我耳边响起。"你们英语老师还能发表文章?那又有什么用呢?不过是个临时代课教师罢了,无法养家糊口的呀!"是她,那位班主任的声音。"什么是临时代课教师啊?"……一群孩子的声音。我至今也不知道,当时的她是怎样向学生解释"临时代课教师"这个概念的。我只知道,支撑我站在讲台上的那点隐私和自信,在那一瞬间被彻底公开和撕破。

我能选择什么?我只能选择逃离。

我终于知道,临时代课教师成了我必须从生命中拿掉的一种疼痛。否则,它随时都会在你人生的各种不幸前面再加上一个"更"字。

第二天,我便向校长递交了辞职信。

我只是希望,有一天我也会成为公办教师。

世界的好坏由你来定

在那些最为灰暗的日子里,我拼命诅咒这个世界的不公。但当自己真正站起来时,我才明白:这世上哪有什么怀才不遇,不被看重,是因为你还不是一个无可取代的人。

四个月的努力

1993年3月,我离开了那所学校,结束了近两年的临时代课生涯。短暂调整情绪后,我回到了自己的高中母校复读,准备参加七月份的高考。

我曾经的班主任李老师,那一年恰好带复读班,他毫不犹豫地接纳了我。后来我才知道,在那个时候接纳我这样一个半路进来的复读生,他需要承担很大的风险——每一个老师都是需要升学率的,在高中阶段更是如此。像我这样,已经离开高中校园两年,距离高考只有四个月的时候,才贸然回到班级复读,谁敢接收呢?

不仅是接纳,李老师还为我专门安排了一个单独的宿舍,一间废弃不用的厕所。那个时候,学校的宿舍简单而拥挤,往往是十几个人挤在一间破瓦房里。在那样的境遇里,能够有一间自己的宿舍,哪怕是曾经的厕所，哪怕小得仅能容下一张小小的单人床，对于我来说，都算得上是一种天大的恩惠。

一个人生活，最大的好处是带来了沉默的可能。青灯孤影，在很多时候是一种值得回忆的温暖。在书页翻动的声响都清脆可闻的夜里，一个人，挤在寂寞的空间里，咽下难言的苦闷，拼命往脑袋里装些可能改变自己命运的东西。那样的努力，真的是一种直接、简单的功利，人世间所有伟大的梦想都已经不值得去想。唯一可以做的，就是再狠毒一点地挤迫自己，再凶恶地对待自己。因为，这一切，都有可能成为自己仰脸做人的基础和支撑。

那一段时间，本就寡言的我更加不喜欢说话，除了上课以外，其余的时间都留在了那间小屋里。郁闷的心情下，人对一切活动都会感到更加累而艰辛。有时候，站在书本大小的窗口前，远望近了和远了的黑暗，总会有一种无法自拔的恐惧。不知道，在那远处，黑暗的远处，会有怎样的一种未来等着自己。读书累了，倦到想要放弃的时候，我总会想起那段临时代课的经历。有时候，能够支撑一个人走下去的，正是一些不堪的过往。虽然没有人愿意在人生的动力里掺杂上疼痛的成分，但毫无疑问，疼痛确实是人生不可或缺的动力。

到现在为止，我都惊讶于一个人的潜力可以被激发到如此的地步。扔下高中课本两年，短短几个月，即使是割开脑袋往里面灌入知识，也是一件劳神费力的工程。更何况，这些东西，都需要一点点地吸入，一步步地消化，才有可能成为考场上的资本。截止到现在，在我的生命里，有两样东西很是深刻地融入我夜里的努力中：一个是风油精，在那时候，日夜陪伴着我，帮我一次次撬开已经闭合的眼睛；一个是咖啡，在近几年里，时时飘在不能入眠的夜里，帮我留下一堆堆的文字。

六月，无论是高考的温度还是气温，都已经高到让人无法忍受的地步。那间小小的屋子，在楼梯的拐角处，既没有流动的风，也没有可以使用的风扇。那时候，就盼一场雨，一场可以带来风、带来冷的雨。6月13日，那一天我记得很清楚。在极度闷热之后，一场雨，一场雷，一场闪，在凌晨两点一起簇拥而来。刚刚合上书本打算睡觉的我，毫不犹豫地冲出了小屋，跑到教学楼前的空地上，一任雨水浇在身上，炸雷响在身边，闪电划过绝望过的脸。

校园里很静，除了风、雨、雷声；校园里很闹，因为有风、雨、雷声。这是唯一可以放任自己痛哭的时刻，再大声的哭天喊地，都会消失在那样的风雨嘈杂之中。我记得很清楚，一个小时的时间，我就那么站在风雨里，或哭或笑，或疯或癫，直至倦到无法动弹。风雨，真的是个好东西，涤荡的不仅是身体上的污浊，更是灵魂上的蒙尘。接下来的一个月，我变得无比安静。

七月，我参加了高考。

那个灰暗的半年

两年后，我也成了公办教师，被分配到了我家所在乡镇的初中学校。

戏剧里，一个人在遭遇很多磨难之后，都会有幸福的生活作为回报。本以为，我的人生也会如想象中那般美好，从此过上安逸、舒适、高人一等的公办教师生活。没想到，接下来的日子，还不如那段临时代课教师的经历"体面"。

那年，和我一起被分配到这所学校的有很多位新教师。一番等待之后，其他人都有了自己的课堂和班级，唯独我接到的通知却是到刚刚筹建的校办工厂上班。所谓的校办工厂，其实只是个简陋的作坊，生产流程极其简单：把废旧的编织袋洗刷干净，然后放进一个机器设备里融化成小颗粒，这些小颗粒就是可以卖给其他厂家的产品。在整个加工过程中，最重要的一步就是用水洗刷编织袋，这是一份很艰苦的手工活。

而我在这个工厂里干的就是这样一份活：把从收废品的人那里买来的废旧塑料和编织袋分类，依次放到一个硕大的水池中，然后一件件地用手搓洗干净，晾干后送到加工车间。这个大水池就在学校教学楼的后面，阳光完全被教学楼遮住。刚开始的时候还好，虽然污水的恶臭让人无法忍受，但至少水的温度还比较适宜。天气渐冷，这项工作的恶劣性就暴露出来，肉长的东西毕竟不是铁件，人的手长期浸泡在刺骨的冰水里，谁能够承受得了？

刚开始，做这个活计的人有十几个，大都是附近村庄的老人，只有我一个年轻人，还是专科毕业的大学生。后来，他们嫌弃这份活太脏太累，又受不了天气的寒冷，纷纷离开了这个工厂。这个时候，我倒是羡慕起临时工来，他们有自己的自由，说走就走毫无牵挂。而我，却不得不坚持下去，因为我是公办教师，没有选择的余地。

其实，这种身体上的折磨和肉体上的疼痛，并不是什么大不了的事情，更让人难以接受的是心灵上的创伤。一个满怀激情的青年教师，抱着一股子在课堂上指点江山的豪情，却被扔在这样一个逼仄的人生境地，做着日复一日简单的工作，这样的打击并不是每个人都可以承受的。更何况，这所学校就在我的家乡，亲戚朋友的孩子就在前面的楼上上学。他们回到家，总免不了向自己的父母汇报："俺三叔不是老师，他在那儿刷编织袋呢！"

还有，就是那些一起分配来的同学，虽然没有表现出强烈的不屑，但是他们不断抱怨学生难管的那份"矫情"，像极了一种炫耀和讥讽。很多时候，听到他们的抱怨，我都会想：即使给我一个最差的班级，即使让我在课堂上累死，我也愿意。

这样的日子持续了半年之久。在冬天过去后的那个春天，一个绝好的消息传来——这家校办工厂宣布关闭了。我虽然内心里高兴，还是强忍着没有表现出来。领导脸上的怒气，让你不得不掩饰掉自己的兴奋。

我在想，我马上就要有自己的课堂，马上就能成为真正的公办教师了。

被"充军发配"的日子

没想到，事情的发展会是这样：在焦急等待了一个星期后，领导把我叫到办公室，告诉我去中心校下面的朱里联中报到。

那时，一个乡镇里会有一所中心校、若干所联中，一般来说，新毕业的教师都会被安排到中心校工作，而联中的教师大都是土生土长的老民办教师，他们大都已经"转正"为公办教师。20世纪90年代中后期，正是全国学校整合期，我所在镇的联中大都合并到了中心校，只有最偏远的朱里联中还独立存在。

朱里联中是我的母校，在我读初中的时候，那所学校是全镇最好的联中，教学成绩时不时地会超过中心校。随着并校政策的推进，这所学校也面临被"收归"的局面。学校里的学生大都转到了中心校就读，几个稍微年轻的教师也被调到了中心校。此时，留下来的学生大都属于混毕业证的一类，想考学的绝对不会在这种学校上学，留下来的老师大都是老教师，他们已经习惯了在自己的家门口教学。

在中心校，有一个不成文的规矩，大家都心知肚明却不点破：每年，中心校都会把表现最不好的一两个老师派遣到朱里联中，然后从朱里联中抽调一两个表现稍好的回中心校进行交流。从联中回到中心校的，我们称为"上调"；从中心校到联中的，则被称为"充军发配"。因为相对于中心校所在地的繁华，那个偏远的地方很像是边疆。更让人难堪的是大家都明了的一个事实：你肯定不是个好老师，要不怎么会被派到那个地方？如此，虽然没有在脸上刻上一个"囚"字，但每一个被发配到朱里联中的老师的心灵之中都被深深地刻上了一个"囚"字。

灵魂之囚，实在是最为可怕的一种伤害。

虽然心里一百个不愿意，但我还是按照要求去了朱里联中。联中的校长和我一个村子，按照辈分我得叫他二叔。看到我后，他把我拽到一边，悄悄地问我："你怎么会被派到这里？在中心校犯什么错误了吗？你这孩子，怎么就不好好干呢！"那一刻，我真是无言以对。自从踏进中心校的大门，我还没有一次展示自己的机会，既不知道自己犯了什么错，也不知道自己到底哪儿有问题。为什么会被"充军发配"至此呢？我也困惑。

那时候的联中，已经没有了教学的氛围，大家都在静候着即将到来的"并校"。校长二叔比较关照我，怕我没有课上闲出毛病来，便把他教的数学课转让给我，自己则只带两个班的体育课。因为还有一位老师无课可上，我便把自己的数学课贡献出来，我教"几何"，他教"代数"。这样的课程安排，估计是独创。不过没关系，因为没有人会在意你讲什么课，也不会有学生听你讲了什么内容。更多的时候，讲课似乎是一种自言自语的活动，你尽管说，学生尽管玩。

因为，他们都不需要学习，也不需要分数，他们只需要自由和快乐地把时间消磨掉。至于教师，更不需要什么备课和研讨，每个人都有自己的活要忙，家里的地要种，儿子的工厂需要帮忙，谁还会在乎下节课要讲什么，谁还会去探讨教育的方法和策略。

也许，一个人处在精神的低谷时，就会变成环境的奴隶，受制于外在的事件，容易随波逐流而失去自我。那个时候的我，不堪忍受持续不断的打击和不公平的对待，逐渐产生了"入乡随俗"的念头。破罐子破摔，混日子一度成为我生活的常态。

放弃到不能自拔

那个时候，我一直对命运的不公耿耿于怀，加上环境的宽松，周遭也没有勤奋的氛围，我自然而然地选择了放弃——那种一泄到底的放弃。

联中的东边是一条小河，很小很蜿蜒，一头连着祊河，一头连着涑河，学名叫作"引祊入涑灌溉渠"。也就是说，它本来的样子只是一条人工挖掘的水渠，有模有样特别规整。只不过，随着岁月的流逝，水流的肆意，导致它的样子开始变得宽窄不一、桀骜不驯。于是，很少有人记得它的名字，只是随口叫它小河。顺着小河向北走，没有多远便是祊河。祊河很宽，有大面积的沙滩，粼粼的水面。很多时候，我会躺在沙滩上，静静地看一脉清水流向远方。那是一天之中最为惬意的时刻，似乎什么都会被忘却，什么都可以不再去想。

那时候上课，只不过是在走一个程序。走完这个程序，整个人就属于那片沙滩了。因为，只有那里的静谧与宽阔，才可以让一个人暂时不用再去想生活的种种不公平。几乎，我把自己逼成了一个"愤青"，用自我放弃和毁灭仇视着这个社会。每天我都会用大量的时间来回忆自己走过的路，反刍经历过的磨难，然后用更加深的沉沦来对抗。对抗什么？其实我也不知道，只是认为自我消沉肯定就是一种抗争。

这样的生活持续了很久。

镇里每年一次的教师节表彰大会，是我与中心校的那些老师们见面的唯一机会。这年的表彰大会很隆重，虽然和我没有什么关系，但是我必须参加。任何的盛典都会有人风光无限，这些风光是需要一大群膜拜的观众来衬托的。我就是那些观众中的一员，必须参加，领导会考勤。在那次会上，代表优秀教师发言的是吕老师，一个和我同年被分配到中心校的老师。几乎与世隔绝的生活让我暂时忘掉了这一批可以对比的同行者,这次会议却让我不得不重新面对这一切。听人说,同批来的老师,有很多已经调到城里的学校,留下的也都成了学校的骨干,都在自己的小圈子里闪烁着光芒。

而我呢?说真的,那一刻心里真的有了一点刺痛,但也仅仅是一点刺痛而已。生活依旧,只不过回中心校的想法在内心开始复苏。

也就在那年,一向身体硬朗的父亲住进了医院,需要做一次很大的肿瘤手术。手术前的那个晚上,父亲把我单独叫进病房,交代了很多生活中的事情。可能当时,他是在为手术的不测做着种种安排,而我是他最放心不下的儿子,不仅因为我是家里最小的孩子,更因为我的萎靡和颓废他清清楚楚地明白。最后,他对我说:"三儿,你现在的样子怎么能让我放心?不好好当老师,说不定哪天就被人家开除了,你就不能争口气,也好让我瞑目嘛!"

那一次我落泪了。从高考失败到当临时工,再到刷编织袋、"充军发配",虽然历经不堪,但生性倔强的我除了高考前那次雨夜中的发泄,没有流过一滴泪。对我来说,我宁愿用冷漠对抗一切,用沉沦仇视不公,也绝不会向任何人示弱。这一次,我流泪了。没有想到,已经成年的我仍然还是父亲心头的一个病,让他在这样的时刻还不能放下。

父亲是20世纪50年代的师范毕业生,做过几年公办教师,60年代初,响应国家号召回到了农村,成了一个地道的农民。在他的世界里,教师这个职业要好好做,否则随时都会有被淘汰的可能。他一个那么勤奋的老师都会失去饭碗,何况我这样一个一直不招人待见的老师呢!他的担心,我懂;他的痛,我也懂。

后来,父亲的手术很成功。在我陪父亲住院期间,我们聊了很多。他说:"你别总是觉得别人对不起你,你别总是觉得自己受了委屈。你想想,要是你很厉害,别人离了你都做不成事,还会有人看不起你吗?"

一语惊醒梦中人。是呀，这些年，我一直觉得是命运亏欠了我，所以我以沉沦来回报命运。其实，这世上哪有什么怀才不遇，不被看重，是因为你还不是一个无可取代的人。

世界的好坏由你来定

整个暑假，我都在为回中心校而努力，但每次得到的都是拒绝。

开学三个星期后，早已经断了回中心校念头的我，却被叫到了领导面前。领导很痛快，开门见山地问我还愿不愿意回中心校。我自然是满口答应，领导说："你先别高兴，我得提前把所有情况给你讲清楚，免得你半路变卦。"于是，领导对我讲了事情的前因后果。

原来，刚刚升入初二年级的一个班一直很难管理，是全校闻名的乱班，前几天，这个班的班主任被自己的学生暴打一顿，所以坚决不再教这个班。而学校又不愿意把这个班拆掉，如果拆掉的话，这些学生分散到整个年级里去，就有可能把整个年级给搞乱了。所以，这个班必须存在，必须有一个人来做这个班的班主任。但是，这样的班整个中心校的老师无人敢接，也没有人愿意惹这个麻烦，所以学校才想到了我这个一直念念不忘回中心校的小青年。

这一次，领导很热情，也很让人感动。他亲自倒了一杯茶给我，宽慰我说："学校对这个班的要求不高，不期望什么升学率之类的成绩，只要把这伙学生看住了，别惹出大麻烦，别影响其他班级，就算你奇功一件。"最后，领导又问我："还敢接吗？这可是回中心校的唯一机会！"回中心校是我的一块心病，不假思索我便果断地回答："接！"

就这样，我终于回到了中心校，开始了真正的教育之旅。那一年是1997年，距离我毕业整整两年。两年的美好时光，就在这样的纠结与叛逆中虚度了。

这个班，最终成为我在中心校站住脚的依靠。因为两年后，这个班不仅没有出大乱子，反而取得了很好的中考成绩——在全年级二十六个班级中，中考考核进入前三名。于是，我算得上是"一举成名"，成了领导眼中有本事的老师，家长眼中能把孩子教育好的老师，同事眼中不能小瞧的老师。

前几年，电视台的"琅琊风云榜"栏目组采访我时问，当时怎么会接手那样的一个班？事实上，除了渴望回到中心校这个理由以外，我其实还有一点私心存在：接手大家公认的坏班级容易成功，反正已经最坏，再差也不会差到哪里去，而只要有一点点进步，就可以被算作成绩。这也是我敢接手的一个原因。

现在重新回想起来，我觉得这个班带给我的收获，更多的是对磨难和问题学生的理解。

磨难是什么？是教练，逼着我们增长心灵肌肉。接手这样的班，遇到的麻烦事肯定会比别人多得多，遭遇的磨难也不是平常人可以想象到的。晚自习时间，一个学生在与其他班学生打架后逃出了学校，本不值班的我不得不赶回学校，和家长一起四处寻找。最终，我在学校前面村庄的麦场上找到了躲在麦秸垛里的他。那时，已是凌晨一点多，安顿好家长与学生，我赶紧骑自行车往七八里地之外的家赶。由于太匆忙，我忽略了街道拐弯处电线杆的斜拉线，整个人硬生生地被钢丝拉线从速度很快的变速山地车上勒了下来，而勒的位置恰恰就是脖子的喉管处。躺在地上，过了很久，寒风才让自己醒来。当时，已经醒来的我躺在地上想了很多——这样拼命到底值不值？但另一个声音告诉我，必须走下去，否则自己真的就会让人看不起。就是这样一种力量的支撑，让我的心灵在磨难中一点点变得坚强。

学生是什么？是陪练，陪着我们强化能力骨骼。这个班级的问题学生确实多，但是每一个问题学生都可以成为你成长的原因。在不断处理学生问题和问题学生的过程中,我的班级管理水平得到了一点点地提高。用故事来改变学生的最初想法,其实就源于这些学生的顽劣与淘气。

所以,世界的好坏是由你自己决定的:磨难可以成为你颓废的理由,也可以成为你坚强的理由,关键在于你怎样去看待。

成为自己的样子

人终究都要成为自己,成为自己的样子。而要真正成为自己,必须依靠自己的力量,埋头于某件事中,在坚守中行走一段遥远的路程;必须依靠自己的意志,抵制住浮华的诱惑,在寂寞中独守一份清苦。

我是不是优秀教师

在很长的一段时间里,我一直沉浸在自己拼命换来的荣耀中。

回到中心校,我利用两年的时间把一个"渣子班"变成了中考先进班,这让我的"名声"大振,从无人理睬的孬老师一跃变成了香饽饽。在接下来的时间里,我接手了新一届初一的一个班。分班时各个班级人数相同,但不到三年的时间,我的班级从六十人变成了一百零六人。多出来的四十多人,就是家长们不断托人找关系把孩子送到我的班级的。这届学生毕业以后,作为教学骨干的我便开始连年接手毕业班,并持续带了四届复读班。

掐指算来,我在这所农村学校总共待了十四年,除去荒废掉的两年,十二年的时间里我送走了九届毕业生。其中,最被人称道的一届,全班五十一人,有三十六人达到了省重点高中的录取分数线。与其他班级只有一两个甚至零个人进线相比,这样的成绩算得上是"放了大卫星"。在一个追求升学率的学校里,带毕业班是对教师的一种认可,也是教师的一种荣耀。如此说来,这十几年的时间里,我始终处在一种荣耀之中,一种被认可的状态。但我却总也弄不明白一个问题:我是不是一个优秀教师?

如果单从上面的数据来看,我是一个创造高升学率的高手老师;如果单从家长争着把孩子塞到我的班级来看,我是一个家长认可的老师;如果单从领导把一届届毕业生交给我来看,我是一个让领导放心的老师……那么,这些能够说明我的优秀吗?这些数据是怎么来的呢?家长和领导认可的又是什么呢?

已经毕业的学生聚会,本来热闹的场合因为我的到来而瞬间静了下来,他们都已是三十而立的成年人,在我面前依然规矩得像坐在教室里按部就班听课的学生;已经为人父母的学生,拉着自己的孩子央求我,"您一定要敲打出个北大清华来";一个事业有成的私营老板,因为自卑于自己求学时的糟糕成绩,竟然很久不敢面对自己的老师……这一些又说明了什么?教育的好坏与优劣,是不是最终应该由学生来决定?

有了这样的思考是我的幸运,至少没有让我在简单粗暴的教育之路上走得太远。在以后的很长一段时间里,我一直在用自己的文字反思着自己的教育:教育应该是什么?教育能够给学生的是不是只有分数?什么样的教育才是成功的教育?

可以说,文字让我真正开始触摸教育。在文字的浸润里,我的教育慢慢变得柔和而坚定,我的教育理想和教育成功观也一点点变得成熟起来。最终,也是文字让我一步步走向优秀——当然不是行政认可下的优秀,而是自我的成熟与成功。

对于一个教师来说,让文字参与生命,用文字理解自我,是一种最好的成长方式。因为,一个教师对自己理解得越多,就越清楚自己可以给予学生怎样的教育，越能够选择适合的方式，并不断确认这种方式的正确性。

无论对教育还是教师来说，教育价值观的澄清和选择，无疑是最重要的一个环节。

真的是无心之过吗

一次，几个学生到我家小聚。这几个学生，是我成为公办教师后带出来的第一届学生。这届学生中的很多人比较成功，在各自的小圈子里算是小有成就。雷就是其中的一个，年纪轻轻就在国有大型企业里混出了名堂，拿着高工资，开着豪华车，生活惬意且富足。我们围在一起聊天，雷成为我们聊天的主要话题。聊他的工作，聊他的豪车，聊他的大学，聊他就业时的奇遇……末了，我们每人用一个词来形容他。一番叽叽喳喳后，他们都盯着我，让我找一个词"表达"一下对雷的印象。我想了一下，用了一个词——闷骚。众人大笑，一边高呼用词准确到位，一边夸我时尚，连这样的网络流行语都想得出。

此时的雷，又表现出他一贯的闷骚作风，低下头，憨憨地笑，小小的眼睛透出一丝不易察觉的狡黠。忽然，他猛地抬起头，像是第一次直视我的眼睛，轻轻地说："老师，您知道我为什么这么久没有联系过您吗？其实，这些年我一直在想您，很想过来拜访您，只是没有那份勇气，因为每每想到您，我就有一种自卑感，不敢面对您。"我一惊，这是一句超出我意料的话。在我的心目中，雷是很值得骄傲的学生，我接班时数学成绩并不好的他，在我的"教导"下中考成绩很突出。在以后的教学中，我不止一次拿雷的事例来激励那些数学基础差的学生，他是我的骄傲呀！怎么会不好意思面对我呢？停顿了一下，雷接着说："我一直深记着您对我的恩，没有您接我们班，就不会有我和同学们的成功。只是我的内心里有一个结，一直打不开。那时您接我们班不久，您的一句嘲笑我的话让我在同学面前抬不起头来，甚至第二天都不打算上学了。后来，经过爸妈的多次劝说，我才又回到了班里，但是从那以后我就开始惧怕您，一直到现在。今天要不是有他们几个人陪同，我一个人肯定还是没有见您的勇气。"

我惊愕，我实在是记不起曾经说过怎样的一句话，让这个事业有成的男人至今惧怕我。因为他胖乎乎运动不协调的身体？因为他沉默寡言不爱说话的沉闷？因为他哪一次迟到了？还是因为他哪一次作业没完成？我的思维迅速转了一大圈，也没有搜索出半点信息，便问他我当时说了一句怎样的话。他笑笑说："老师，这都不重要了，在当时觉得是天大的事，无脸见同学，现在想想无所谓。不提了，不提了，讲点儿别的！"

我向他们几个正式地道了歉："接你们班的时候，工作经验不足，有热情和拼劲，一心想出成绩，管理很严格，肯定给你们造成了很多伤害。有的是我知道的，有的是我至今没有意识到的，请你们原谅。"这几个人很动情，不停地说："您都是为了我们好，这点儿小事与您的付出相比不足挂齿。"

在我的世界里，那句伤害雷的话肯定"不足挂齿"，甚至相当自然，理所应当；可在雷的世界里，那句话肯定重若千斤，几乎将他压倒，以至于，在他十分成功，在他被身边人极度羡慕嫉妒的时候，这句话仍然隐在他的内心，压抑着他，给他永久的自卑。幸好，他终于有机会说了出来，否则无论他今后的生活有多么成功，这句话都有可能让他的成功感大打折扣。因为，在内心深处，他有一份隐隐的疼痛，始终给予他不会停止的压抑和苦闷。

其实，任何一个老师，在对待自己的学生时，最初的动机肯定是好的，一定没有故意伤害学生的想法。那些伤害，可能源于一句看似微不足道的话语，可能来自一个不屑的眼神，可能只是疲惫后的爱搭不理，也可能只是无意中的一句玩笑……无论如何，这些过错一定是无心之过。但恰是这些无心之过，在学生看来可能就是有意为之，其伤害无法估量，更无法挽回。

而我，直到今天仍在反思：在我的教育生涯里，还有多少类似的，我不曾知晓的伤害，正在折磨着一个又一个或成功或失败的心灵呢？

教育不止眼前的清苦

那时候的我，刚刚开始做班主任，正需要一些东西来证明自己。思量来思量去，发觉自己最不缺的也就是热情和勤奋。于是，我便成了到校最早的一个人。当一个人走在清晨寂静的校园时，我感受到的是一种正在努力拔节的兴奋，还有一种为事业奉献青春的自豪。通常，我会打开教室的门，拿一本最喜欢的书，端坐在讲桌前或最前面的座位上，静静地等候学生到校。本来叽叽喳喳聊着天涌向教室的学生，猛然间看到正恭候他们的我，惊慌地伸了伸舌头，便悄然坐到座位上，开始了默不作声的学习。偶尔有来得稍晚的学生，会在我目不转睛地注视下羞红了脸，不敢再有下一次迟到，慢慢也就变成了到校最积极的人之一。如此，整个教室就没有了一点杂音，充斥着好像是刻苦学习的氛围。学生到校的时间，也随着我到校越来越早而一点点提前。

我很享受这样的一种对比：邻班零零落落到校的学生，满教室里追逐打闹，喧嚣不止，我们教室里则满满的都是学习的味道；其他班的学生还滞留在走廊里、操场上，三个一群两个一伙玩游戏，我们班的学生早已在教室里苦读了很久。很自然地，荣誉接踵而来，我们班级被树为学风最正的班级，在很多学校举行的评比活动中都属于"免检"班级。现在想来，那时我班的学生该是多么压抑，与其他班的学生相比，年少的心灵多了太多的禁锢，也就少了太多的灵性。

我曾经遇到过这样一位校长，活力四射，激情满怀。在我有限的教育经历中，他算是我见到的最为勤奋的校长，不仅事无巨细，而且事事亲为，到校最早，离校最晚。在很长一段时间里，我几乎不能相信会有以校为家的校长，但遇到他后，我不仅信了，而且是坚信。他没有任何工作之外的爱好，唯一的兴趣就是待在学校里忙工作。这样的校长，自然有底气要求教师敬业奉献，每次校会他都要求教师向他看齐——把工作当作生活的全部。一些年轻的老师却不以为然，私下里叽叽咕咕发些牢骚：你没有业余生活，总不能让我们也过苦行僧的日子吧？凭什么我们就不能有花花草草的爱好？凭什么我们就不能把生活过得生机盎然、有滋有味？

其实，把自己竖为标杆，也是一个管理者最容易犯的错误。每个人都有自己的生活方式，也有选择快乐的权利。你可以把蹲守教室校园当作快乐，未必就得绑架所有人一同前往。现在的年轻教师，爱好广泛，生活趣味浓，很难做到一心一意坚守清苦。在我看来，只要老师们能够完成自己应该做的工作，没有扯学校管理的后腿，就完全可以用自己的方式让生活更加丰富多彩。作为校长，倒是应该想办法把老师们的一些爱好和特长变成教育资源。比如，一位老师酷爱摄影，学校完全可以给他举办一个摄影作品展，甚至给他组建摄影社团的机会，兴许他的个人爱好就能影响更多的人。

很多人都认为，教育就是那条长满果实的枝蔓，自身的苦才能酿出果实的甜。所以，教育容易引导人向远看，似乎美好都是未来的事，现在只有苦难。但有句歌词说："生活不止眼前的苟且，还有诗和远方的田野。"如果只顾埋头于眼前的苟且，还能欣赏得了诗和远方吗？如果学生成长的坦然得不到应有的善待，教师生活的情趣得不到应有的宽容，那么教育的诗和远方又从何而来呢？

教育到底能做些什么

那天中午,我带儿子去理发,一个漂亮的姑娘突然问我:"老师,还认得我吗?"

"你是……"我可能遇到已毕业的学生了,或许是某一届我只教了一年的学生吧,我看着只是有点眼熟,却已经记不起她的名字了。

"给您一个提示,2002年那届,跑得特别快的那个,您还给我颁过奖呢。"她充满期待地看着我。

我从2002年到2009年一直带初三毕业班,一届又一届的学生匆匆来又匆匆去,存留在记忆里的身影总是重叠来重叠去,确实不太清晰了。幸好,突然一个名字跳了出来:"张慧雅?!"

她十分兴奋:"是的,是的,谢谢您还记得我的名字。"

在儿子剪头发的当儿,她和我聊起了上学的时光:被作业搅得要疯掉的夜晚,因数学不及格而被父母责骂,一分一分计较名次的家长会,别人拿到重点高中录取通知书时的羡慕……她也和我聊起了毕业后的生活:艰难的打工环境、摆地摊的日日夜夜……最终她谈到了现在:开得挺红火的时装店,新买的汽车和房子……总之,生活得还很幸福。我们还谈到了她的同学:某某上完大学却找不到工作,某某工作后又下了岗,某某已经是国家公务员了,某某在市直学校做教师……

最后,她半似总结地说:"其实呀,像我们这样的人上学是没有用的,我们那一届也就那么几个人靠上学找了个饭碗,绝大多数还是要到社会上去学的。学了那么多的函数我一点也没有用上,最多也就用个加减乘除;背了那么多的文言文也都忘了,就记得个之乎者也。在社会上闯荡,靠的还是自己的努力。"

这段话让我的心凉了一截,最新版的"读书无用论"!可我又无法辩驳。不过，作为一名教师，我还想极力维护一下教育的尊严："是啊，很多知识暂时看上去是没有用的，但可能会在不知不觉中改变着你。这些年的教育真的没有给你留下什么吗？"

"要说有的话，也不是知识。一直记得在学校秋季运动会上200米比赛我跑了个冠军，您给我颁发奖牌时对我说的话：'什么时候也别忘了你冲刺时高高昂起的头，只要抬起头来，没有什么是不能征服的。'也就是这句话让我觉得自己是个强者，当我在摆地摊的时候，当我找不到路的时候，我就想起这句话，我也一直保留着您给我拍的那张冲刺终点线的照片，是它给了我自信。"

这些话我似乎还有些印象，但这一刻我已经无心再争这份"功"了，我们的教育消耗了这个女孩那么多年的青春，却只留给了她一句有用的话，教育，对这个女孩来说能算是成功的吗？

教育能给孩子们什么？应该给孩子们一些什么？——这两个大问题萦绕在我的脑中。

这也是教育的成功

回家路上，一个年轻的小伙子从路边蹦到我的面前："嘿！老师！"定睛一看，是单强，2009年我离开那所农村中学前教的最后一届学生。

"老师，快过来听我唱歌，我在参加比赛。"他一边说，一边把我拽到路边。这时，我才注意到旁边商场门前的空地上，搭起了一个简易的舞台，有人正在唱歌，下面坐着三个评委。这是一个选秀节目的海选现场，台上正在演唱的是一个挂着双拐的男孩，声音不是很好，但脸上满是灿烂。因为天冷，舞台又搭在室外，观众席上零零落落地散坐着几个观众，现场有些冷清，但那个男孩依然唱得很投入。

"他是五号，我是七号，很快就轮到我了。"单强指了指台上的男孩，开始给我介绍舞台边上已经唱完和还未演唱的参赛歌手。最后，他指了指自己，笑着说："我现在可厉害啦，得过很多奖，上次在南门外音乐大赛中还拿了个第一名。"说完，便快步向舞台走去，主持人正报出他的参赛编号。

舞台上，他唱得很投入，虽然我并未听懂他所唱的那首歌，但听得出来，他是用心在唱。观众席上一次次响起掌声，他唱得比其他歌手都要好。轮到评委点评，从话语里听得出来，这些评委对他很熟悉，其中一个评委最后总结："单强，你在一点点地进步，这一点让我们很欣慰，加油！"

这句话很熟悉——2008年我接手他们班的时候，曾经说过。那时，这个班已经换过多个班主任，在学校领导看来是个棘手的班：成绩不好倒是其次，关键是班级管理太乱，任课教师根本就无法上课；学生没有上进心，除了学习不行，其他调皮捣蛋的事样样少不了。

领导以为我能够拯救这个班，其他老师也以为能，这消息很快传到了班里消息灵通人士的耳朵里。第一节课，有学生问我，你是来拯救我们的？我说不是，我不是救世主，我拯救不了任何人。那你是来整顿我们的？我说不是，你们都有自己的个性，我没有必要把你们都整顿成一个模样。那你是来干什么的？我说，我是来帮助你们保持自己样子的——喜欢学习的，成绩更好一点；不喜欢学习的，特长更明显一点。我只希望你们给自己一个简单的梦想，沿着自己的方向，有一点点的进步。

他们哄笑，说这个老师好，没想着把我们都培养成学习尖子。那个时候的单强就从座位上站起来问，那你看看我得往哪个方向发展？你有什么特长？我反问。我的特长就是能说，所以老师经常请我面壁思过。能说是好事，只要说得有用，你可以靠这张嘴吃饭，比如说相声、当媒婆。我说。他们笑得更乱了。

"老师,您听我唱得好不好?绝对是第一,您信吗?"正发愣的时候,单强已经回到了观众席,跑到我身边"显摆"。我说:"很好。我说的'好'更多的是指你在台上的那份自信和阳光。"他嘿嘿地笑,然后开始讲他的"奋斗史":初中毕业,先是在别人的婚庆公司打杂,慢慢地开始试着主持婚礼。因为能说,在业界有了一点小名气,再加上喜欢唱歌,让自己的婚礼主持更增色不少,开始尝试自己干。现在,他在兰田步行街开了一家婚庆店,赚钱不是很多,但是足够花。没事的时候喜欢参加各种演唱比赛,不为名次,就图个乐呵。

从毕业到现在,四年多一点的时间,他就有了一个小店面,有了生活的保障,有了一个简单的梦想,然后有了自己喜欢做的事情,生活得很舒心,很惬意。对于他来说,这不也是一种成功吗?

我想,教育未必就是分数的较量。能够让一个人拥有幸福而平凡的生活,能够让一个人做自己喜欢做的事情,不也是教育的一种成功吗?

我为什么看中反思

雷、张慧雅、单强……我之所以讲他们的故事,之所以提及那次学生聚会时的尴尬,目的只有一个:我想从他们的身上学会反思,学会回望自己的教育实践。事实上,这些年来我的教育实践有了一点点改善,有了一点点艺术的味道,无不是因为我学会了反思。之后,我更加明白了反思的意义和价值。

作家吴志强讲过朋友的一次应聘经历。

朋友应聘一家公司,该公司把前来应聘的人安排在会议室分三天做三次考核。第一次考试,朋友以99分的好成绩排在第一,一位叫小米的女孩以95分的成绩排在第二。第二次考试试卷发下来后,朋友发现当天的试题和第一次的完全一样,便自信地大笔一挥,还不到考试规定时间的一半，便交了卷。第二次考试，朋友仍以 99 分不动摇的成绩排在第一，而那位交卷最晚的女孩小米以 98 分的成绩排在第二。

　　第三天准时进行第三次考试。试卷一发下来，考场上顿时炸开了锅，因为试卷和前两次完全一样。绝大部分考生和朋友一样，根本用不着看考题，"刷刷刷"就直接把前两次的答案给搬上去。不到半个钟头，整个考场都空了。只有那位叫小米的考生仍托腮拍脑，绞尽脑汁冥思苦想，时而修改，时而补充，直到收卷铃响才把答卷交了上去。考分出来，朋友仍以 99 分的成绩排在第一，不过这次没有独占鳌头，考生小米以 99 分的好成绩和她并列第一。但朋友一点也不担心被挤下来。第四天录用榜一公布，朋友傻眼了：上面只有小米的名字。朋友质问总经理："我三次都考了 99 分，为什么不录用我，而录用了前两次考分都低于我的考生呢？"总经理笑呵呵地说："你次次都考了最高分，可惜你每次的答案都一样，一成不变。我们需要的职员不单单要有才华，他更应该懂得反思，善于反思、善于发现疏漏的人才能有进步。我们公司分三次用同一张试卷对你们进行考核，不仅仅是考你们的知识，也在考你们的反思能力和习惯。"

　　无论这个故事在生活中发生的概率有多小，它仍然可以给我们两个启示。

　　启示一：无论在什么位置，你都需要反思。在整场考核中，朋友虽然一直稳居第一，但还是有上升的空间。99 分，至少说明她还有 1 分的距离要走。遗憾的是，她并没有意识到要去走完那 1 分，而是悠闲地看着自己第一名的位子是否牢靠。小米位居第二，成绩还有些差距，但她却一直在改进自己的错误，反思自己的不足。换句话说，她一直在努力，在修正自己的不足，在慢慢地爬升。假若还有第四次考核，说不准小米就会替代朋友成为第一名。因为，一直反思着的人生必定鲜活、有劲头、有力量。

当老师久了，用不了太久，也就是五六年的光景，大多数人就会找到自己的位置。这个时候，有的人会像那位朋友一样安居于自己的位置，一遍遍重复人生的答案。课堂，永远是一个样子；班级，一年年地重复着老套的路子。而有的人，则是在不断反思着不足，不断尝试着了解新的东西，不断惋惜、苦思、焦虑，甚至累到感觉不值。极少数的人，在累中坚持下来了，于是就有了路过，有了超越，有了后浪推前浪。只不过，教师生涯的这种考核远没有朋友应聘的结果那么显性：教师工作岗位是不大会有淘汰之说的，无论你是否在反思，是否在努力，你仍会待在这个岗位上，领着该领的工资，发着该发的牢骚。自然，那些失去反思能力的教师，也就没有了朋友的那种"羞愧感"。不仅没有，反倒相当坦然，心安理得。

这并不意味着教师就不需要反思了，虽然教师岗位的"淘汰"来得慢些，却有一个词在候着停滞不前的人，那个词叫"倦怠"，全称是"职业倦怠"。一个倦怠的人是可怕的，所以，即使没有淘汰，只要你的前面还有人，你就需要反思，需要去超越，至少得有反思的心思。青年教师，你还在金字塔的底端，你需要反思自己的每一步，每天向上挪一点点；成熟教师，你的付出已经有了不小的收获，坐享其成肯定不能算是明智之举，你不反思，那些基座上的人迟早会微笑着从你身边跨过去；成功教师，你的人生才最值得反思，因为再往前一步就是卓越，而卓越是没有尽头的，一望无际。

启示二：无论在什么时候，你都需要反思。故事中的小米最终成功了，这是必然。当别人看到第二次、第三次考试的试题与第一次的一样时，感到的是不可思议，是困惑，是怀疑。怀疑考试弄错了，怀疑考试是不是有问题，总之是在怀疑别人。小米肯定没有参与这样的怀疑，她只关注第一次考试中的那些错误有没有可能得到纠正，她反思的是自己第一次为什么会答错了，这一次应该给出什么样的答案。

当考试方告诉考生试题没有问题，确实就是同一份试题后，绝大多数考生想到的是"庆幸"，然后就是"不用看题"直接写上答案。而小米在别人不到半小时就交卷后，仍然在慢慢做题，慢慢反思。虽然她最终提高的分数也不过几分，但是她的这种思考的过程是满分，甚至无法用分数来衡量。

在大多数人选择了一种较为舒适、简单的生活方式时，仍然坚守不被人理解的自我反思、自我敦促，这不是所有人都能做到的。

教育，给了教师基本一样的生活。备课、上课、批改作业，这是一条极易走向麻木的路径。简单、重复，几乎不用脑子就可以完成工作，如果稍不加注意，就有可能沦为平庸。而大多数人，就是在这个时候开始应付教师职业，将其弄成了养家糊口的行当。其实，越是这个时候，你越需要持续不断地反思。即使你的孤傲与独行不被他人理解，即使你的深邃与凝重被他人看成另类，你仍然需要坚持自我的反思。

工作之初，我的起点就落在了别人的后面。那个时候我可以选择自暴自弃，可以把自我堕落的原因归结到不公平的生活。我反思：用一生的平庸去回应他人的目光短浅是不是值得？别人对你不负责任是不是就意味着可以自己对自己不负责任？如此下去损失最大的是不是我自己？倘若，我的一生真的庸俗不堪，是不是恰恰验证了他人当初的论断？

没过几年，我从落后的起点追平了他人，甚至在某个方面有了一点点的超越。那个时候我可以选择平庸的生活方式，游山玩水、觥筹交错，也可以在烟雾缭绕、家长里短中消磨时光；我可以追慕功利，在小团体、小圈子里混出点小位置，在迎来送往的熙熙攘攘中融入大多数人渴望的生活。我反思：我的时间就只有这么多，我学会了麻将、扑克、网络游戏，就有可能攒不出时间写作；我习惯了彼此吹捧、不醉不归的生活，就有可能失去反思的能力。

我想，我已经习惯了独来独往，习惯了静夜里的反思。所以，我也感受到了反思的力量。

教师为什么要学会反思

其实，反思的价值和意义绝不仅限于个人感受那么简单。对于教师群体来说，反思的价值至少可以体现在以下三个方面：

让成长成为可能。现实中，教师的教育实践活动越来越倾向于技术性，"操作"成为教育行为的基本模式。课堂有模式，教学有策略，教育有"兵法"，很多人孜孜以求的就是把教育简化成一条简单易操作的流水线。那些意在引领教师成长的评选活动，也被冠上了浓厚的技术色彩，比如课堂教学技能大赛、教学能手评选等等，都在昭示着一种意识：教育是门技术。在这种"技术观"的错误引导下，教师往往会在获得一定技能后开始停滞不前，成为一个靠技术吃饭的劳动者。而事实上，教育绝非技术那样简单，它是一门艺术，单靠某种"一二三四五"排列出来的所谓策略，一定不能够让它绽放出艺术的绚丽和丰满。因此，教育需要研究，全方位、高意蕴的研究。而教师的反思，恰恰就能够实现这种研究。

以教学为例。按照教学的进程，教师的教学反思分为教学前、教学中、教学后三个阶段。教前反思，即课堂教学实施之前对教学行为的一种前置性反思，这样的反思具有前瞻性，能有效提高教师对学情的预测和分析能力；教中反思，即教学过程中对出现的问题进行及时、自动的反思，这种反思具有监控性，能使课堂教学高效优质进行，提高教师的调控和应变能力；教后反思，即课堂教学完成之后进行的系统性反思，这样的反思具有批判性，一方面可以让教学经验上升为教学理论，另一方面可以提高教师的总结和评价能力。这种带有研究性质的实践活动，让教师在整个教育活动中拥有了双重角色：既是实践者又是研究者，既是教育者又是受教育者。这就让教师的教育生命不会停滞不前，成长也就成为一种可能甚至是一种必然。

让成长成为自觉的行为。在我国，教师专业化发展已经被提出很长一段时间，雷声很响，动静很大，实际效果怎么样？看看我们的教育现状就可以发现，肯定是"成绩"大于成效。当然，这里的"成绩"更多的是指教育行政标准下的成绩。现在的教育培训，走的大都是行政化的道路，实施的都是理念和方法的大灌输。所谓的"走出去，请进来"，无非是行政部门或者学校出钱，把名师大家的"教育策略"拿出来给普通教师膜拜。这里的"走出去"是跑到外面看，"请进来"是窝在"家里"听，并没有从根本上改变"灌输"的实质。培训活动结束，就意味着工作落实了，该上报的上报了，该宣传的宣传了，组织者的工作业绩也就有了。至于被培训者，往往是"听时冲动，结束时激动，回来后不动"。究其原因，是这样的培训对于教师来说是被动的，是被培训、被学习、被成长，缺少了教师的主动性、能动性和自觉性。

反思则是一种源于教师自觉的成长活动，当教师进入反思时，他会自觉地、心甘情愿地思考自己的教育行为。换句话说，教师反思最直接的效果就是能够促进教师积极主动地探究教育问题。借助反思，教师可以对教育经验，特别是问题性经验进行批判性分析，重新审视自己的教育行为和实践，并会主动寻找新的思想与策略来解决当前的教育问题。而这一过程，恰恰就是教师成长渐渐成为自觉行为的过程。

让成长成为品质。就像植物的成长一样，任何生命的成长都受内因和外因两个方面的影响。教师的职业成长也不例外。传统的教师成长模式，更侧重对教师有计划、有组织地进行培训，坚持的是一种以外因为核心的成长理念。20世纪80年代以来，世界各国都开始寻求教师成长的新模式。《卡内基报告》和《荷姆斯报告》的问世，更是让教师自身的反思性发展成为主流。这种反思性发展，一方面强调教师通过对个人教育实践的回顾、诊断、自我监控和自我调适，达到对不良行为、方法和策略的改善和优化，以提高教育教学水平；另一方面通过赋予教师新的角色，让教师成为研究者，使教师工作获得尊严和活力。无论从哪一个角度来看，这种新的教师成长理念关注的都是成长的内因，是一种活力无限的成长理念。

更重要的是，教师通过系统的反思，可以从冲动的、例行的行为中解放出来，以审慎的方式行动。可以让教师站在自己之外，更清楚地了解自己以及行为，更深刻地洞悉自身的主体性力量。也就是说，教师有了"自己成长自己""自己发展自己"的可能，有了成长的尊严和动力，有了成功的自信和力量。一旦成长成了自己的事情，教师的发展就有了行动的张力，辛苦就不复存在，埋怨就会即刻消失；一旦成长成了自己的事情，反思就会成为习惯，虚心好学、自我否定、追求完美等就会成为教师的内在品质——无须强迫，就能自发出现。

杜威认为，反思不是一种能够被简单包装起来供教师运用的技术，而是一种面对问题和反映问题的主人翁方式。我深以为然，并谨慎地认为：教师成长缺少的就是这种主人翁的方式，自我成长的方式，长成自己的样子的方式。

那么，接下来的问题是：教师要通过什么方式来实现自我反思呢？

我的教育写作三阶段

可以说，是教育写作让我学会了反思，让我一点点走进了真正的教育，理解了教育的本意。为了让更多的老师认识到教师写作的重要性，我回忆并梳理了自己的写作经历，并把这段经历分成了三个阶段。

我一直认为，一个教师是否愿意花时间反思自己的工作，能否形成反思的意识和习惯，在很大程度上就决定了他能不能具备较高的专业素养，也就决定了他的专业发展之路到底能够走多远。

一个优秀的教师，应该时刻对自我的教育经验保持一种好奇的心态，对已经成为习惯的做法与看法保持一种警惕和质疑，对我们习以为常的教育情境保持高度敏感性。这要求我们必须经常展开反思和追问，不断进行阐释性思考和批判性反思，让教育教学时刻充满活力和激情。

而这一切，无疑要通过教育写作才能得以实现。

多萝西娅·布兰德在《成为作家》一书中提到了写作的四个障碍，其中第一个障碍，也是最大的障碍就是写作本身的困难：要不要写作。对于教师来说，这个问题显得尤为突出。

从理论上来说，教师应该是一个写作的人，并且还应该有着持续的写作习惯和良好的写作素养。而事实上，能够写作、愿意写作的教师已经越来越少，就连语文老师的"下水作文"现在也已经很少能够见到。

写文章，对很多老师来说已经是很久远、很困难的事情了，这不得不说是一件很令人痛心的事情。

原因在哪儿？很简单，很多人认为教师写作是件可做可不做的事情。其实，这是一种十分短视的想法。写作对于教师不仅是一种需要，而且很重要。对于我来说，教育行为和思想的日渐成熟，在很大程度上就归功于持续不断的教育写作。

教师写作，不是单纯的才情展示，不是写作技巧的简单炫耀，不是华丽语言的简单拼凑，而是对自己的教育实践不断梳理、提炼、反思、总结的过程。十几年来，我以教育随笔的形式真实记录了教育生涯中一个个真实的故事，写出了一段段真切的感受，给自己看似烦琐、单调、庸常的教育活动赋予了独特的体验和韵味。也就在这样的写作中，我不仅悟到了教育的真谛，更感受到了教师职业的幸福和伟大。

教师写作，不仅可以改变我们的心态，开阔我们的视野，孕育我们的思想，还可以给我们一个隐形的准则，引领我们在自我修正中走过教育的每一个细节，走进理想的教育。具体来说，教师写作的意义可以归纳为以下四点：一是可以去掉教师身上的匠气、俗气，二是可以让教师的心灵变得澄明、清澈，三是可以让教师对自我有一种静谧的梳理与关照，四是可以让教师灵魂深处最丰饶的部分得以深度开垦。

意大利教育家蒙台梭利有过这样一个美妙的比喻：一个人在空气清新的森林或大海边散步，如果这时，突然从远处传来柔和的、辽远的钟声，一下子，这个人心中的那份美好感受就得到了提升和深化。

我想，教育写作对于教师职业来说，或许就是那远处的钟声，在不知不觉中让你走进思考的最深处。

问题性写作：让反思成为一种习惯

儿子很喜欢吃"黄焖鸡米饭"，我自然成了一家店里的老主顾。一来二去，我便与小老板混得很熟。有一次恰好遇到米贩子到店里送米，我便顺口问了米的进价。小老板说："咱这米是最好的，差不多两块钱一斤。"我又问他一斤能蒸成几盒米饭，他诡秘地一笑："不多不多，也就是五六盒吧！"从他的表情里，我能够猜出来，五六盒肯定是他拿来哄我的保守数字。我暗地里算了一下，就算大米两元一斤，煮成六盒米饭，可以卖到六元钱，刨去一元钱的劳务支出，一斤米就为他带来了三元的利润。

我家附近有个"老程粽子"店，一年四季卖各式各样的粽子。其中最便宜的一种是红枣粽子，就是在米里加上一粒红枣，再用粽叶包起来，煮熟。这样的粽子一个卖四块钱，一斤米能做十个左右，总售价就得四十多元。即使刨去对半的成本，一斤米至少也得赚二十多元。

同样一斤米，直接在米店售卖，价格也就在两元左右。煮成米饭，进行简单加工后，就可以卖到五六元钱；做成品牌粽子，利润就可以达到二十元。你看，不同的加工为一斤米带来的附加值竟然有这么大的差距。

当老师的，每天都会碰到无数的大事小情，每天都会被琐事缠身。这些大小麻烦事，我们经常称之为"问题"——问题学生，学生的问题。这些问题，像极了"一斤米"。如果我们一味地抱怨问题的存在，它的价值就是负数，会带来消极的情绪；如果我们能够妥善地"加工"它，那么它可能会成为一笔丰富的教育资源，成为我们行走的力量。这个加工，就是我今天要谈的问题性写作，实质上是对"问题"进行的行动研究。下面，我就谈谈问题性写作带给我们的改变。

心态，从"麻烦事"到"有意义"。在很多时候，教师的累属于心累，这份心累大都源于师生之间、生生之间、同事之间、家校之间的矛盾摩擦。倘若我们把这些"麻烦事"记录下来，并进行适当的反思，就是一个带着问题进行写作的过程中。这个过程大概可以分为以下几个步骤：一是"忆"。夜深人静的时候，一杯香茗，一盏暖灯，打开记忆的小河，静静地把一天的事情回放一遍。二是"梳"。在回忆的过程，认真梳理、筛选有代表性、有思考价值的素材，找到问题反思的突破口。三是"叙"，轻轻敲打键盘，用自己的语言把问题叙写出来。四是"思"。对记录下来的问题进行反思与追问，务求"清浅而深刻"。

这样的一个过程，至少完成了四个层次的自我拷问：我这样做合理吗？我这样做达到教育目的了吗？我还有更好的做法吗？我将以什么样的形象出现在自己的文章里？如果我们对每一个问题都进行这样的追问，如果我们每一天都进行同样的自我反思，我们的灵魂就会在这样的书写过程中慢慢变得清澈而澄明。当然，那些一直被我们厌倦了的"麻烦事"，也就变成了有意义的研究样本。这样的写作坚持久了，写的文章多了，心态就会变了；倘若有文章发表了，拿到稿费了，或许麻烦事就会变成幸福的事。

行动，从"解决问题"到"制造问题"。通过写作和反思，问题解决了，看待问题的角度变化了，我们的教育心态自然也就跟着变化。随之而来的，就是教育实践的改善和教育行为的规范。但是，遇到什么问题，就写什么问题，这是问题性写作的初级阶段。充其量，算是把"一斤米"煮成了米饭，进行了粗加工而已。问题性写作熟悉了就可以变着法儿去"制造问题"。

所谓"制造问题"，说通俗点就是在没有问题的时候，适当地折腾出一些事来。前些年在学校做德育工作，每年都会带着学生到"实践基地"参加为期一周的社会实践活动。其中有一个教学生包水饺的活动。师生一起动手割韭菜、剁肉馅，忙忙活活一上午，各种惨不忍睹、歪七扭八的水饺就包好了。如果这一天实在没有什么事情，我就会在煮水饺的时候消失一会儿，等他们吃完水饺后再匆匆忙忙赶回来。这是他们第一次吃自己亲手包的水饺，兴奋加激动，很容易忽略我这个"老人家"。通常情况是，忽然就有学生问："老师，您吃水饺了吗？刚才咋没见着您呢？"我也会捶胸顿足："你们吃完了？怎么不叫我？怎么不给我留点？"每一届，这样的事都会上演；每一年，学生的应对都会不一样。但是，结果无外乎加深了师生感情，让学生学会了记住他人。我有一个"谬论"：从某种意义上来说，教育就是具有了朝向和意义的折腾。

反思，从"零碎思考"到"习惯成自然"。去年，我们区举办了首届班主任论坛。三天的时间里，各种观点思潮异彩纷呈，时时触动我的思维。我的写作也变得文思如泉涌，接连写出了七篇教育叙事。论坛结束后，有一家杂志约我写一篇班主任专业发展方面的指导文章，时间很紧，属于救场的稿件。我用一个小时的时间，回看了七篇教育叙事。这些原本是思考零星问题的小文章，被我梳理架构成了一篇专业性很强的《班主任需要怎样的专业成长》，全文七千多字，发表后被多家媒体转载。

问题性写作对教师成长的意义体现在三个方面，即"锐化发现问题的敏感，养成反思问题的习惯，提升解决问题的能力"。经常写作，你的观察力就会敏锐而锋利，你的视角就会变得独特而深邃。同样一个问题，在他人看来是这样，在你看来就会别有洞天。经常思考，反思就会成为习惯，一旦自我反思成了生活中自然而然的一部分，教师的成长也就变得自然而然。

专题性写作：走向有深度的写作

群里的一位朋友开小窗给我留言：

几年前，我发表了第一篇文章，那股兴奋劲儿让我对写作着了迷。有的时候，我可以坐在电脑前五六个小时不动，一遍遍地修改自己的文章，直到自己满意了，才满怀期待地投到编辑的邮箱里。然后就是等待，心急如焚地等着那家杂志的出版日期，想尽办法去打听目录什么时候能出来。就这样，煎熬着写作，煎熬着投稿，日子一天天过去，也已有几十篇文章得以发表。但是，最近一年来，我却没有了以前的那份激情，也许是因为文章发表得比较"多"了，对发表文章这件事没有了那么大的期待。请问，我怎样才能走出这个写作的瓶颈？

类似的话语，我曾经听到过很多次。讲这话的，大多是一些在教育写作的路上走了一段时间，发表过一些文章的老师。他们大都经历过刚刚走上写作之路时的那份激情和期待，也经历过文章发表后的那种激动和亢奋。只不过，随着时间的流逝，文章发表的篇数越来越多，新鲜感被消磨殆尽。此时的他们，如果不及时调整写作方向，肯定是最容易逃离写作圈子的人。那么，他们应该怎么做？

前面我已经说过，问题性写作属于"遇到什么写什么"的随机式创作，今天写的问题和明天要写的问题之间没有任何的关联。专题性写作是指教师就某一个教育话题或元素，进行持续的、系统的、聚焦式写作，上一篇文章和下一篇文章之间具有某种特定的逻辑关系。如果用一个例子来说明"问题性写作"和"专题性写作"的关系，最贴切的莫过于电影和电视连续剧之间的关系。电影最大的好处是看完就完，电视连续剧则不同，一旦开头看上了瘾，必定是看完一集等下一集，结局不出来，等待和焦虑就不会结束。

这样一比喻，就知道怎样解决上面那位朋友的困惑了。对于那些通过问题性写作，已经具有了一定的写作能力和反思意识的老师来说，要想继续在写作之路上走下去，很有必要实现从问题性写作到专题性写作的华丽转身。

适时转身，对于教师成长的意义在于以下两个方面：

一是以专题性的写作任务代替零散的写作训练，激发了教师写作的动力。问题性写作属于基础写作，训练的是教师的反思意识和思考能力，但这种训练是点对点的随机碰撞，缺少必要的整体建构和系统规划。专题性写作通过对某一专题的纵深反思写作，逐层递进地步步深入，使整个写作具有了任务驱动的可能性。几年前，我曾经针对班里的一个"问题女生"进行过专题性写作，在两个月的时间里，写出了七十多篇文章。这份写作的坚持，源于她的改变不断刺激我的写作激情。而不断地写作反思，也让我更加清晰地理清了缠绕在她身上的问题症结。写作优化教育实践，教育成果撬动写作激情，这正是教育写作对教育及教师的意义所在。

二是让教师在某一个方向上有所突破，成为某一方面的明白人。《山东教育报》曾经做过一期班主任成长方面的专题。编辑老师向我约稿，要我写一篇班主任专业成长方面的文章，以"专家观点"的形式出现。当时这个约稿让我焦虑不堪。以前的约稿大都不限专题，我写什么媒体发表什么，这一次，不但限定了主题，还要作为"专家观点"来呈现，如果写不好，我该如何交差呢？无奈之下，我便把自己近几年关于班主任的文章全部梳理了一遍，从中找出了一条主线，在最短的时间内完成了《经验反思分享——我对班主任成长的几点思考》。这篇文章，开启了我的班主任成长的系列写作，也让我在班主任专业发展领域有了自己的思考和主张。第三十个教师节前夕，多家有影响力的教育期刊都把目光聚焦在班主任发展这一主题上，他们又均把约稿的目光聚焦在我的身上。一个星期之内，我完成了五家杂志的五篇班主任专业发展方面的约稿，从不同方向对班主任专业成长进行了系统的论述。其中，刊发在《中小学德育》上的《优秀班主任的标准是什么》一文，被"人民大学复印报刊资料"全文转载。前几年，我开始在《湖南教育》开设教育专栏，与以往在其他杂志上所设专栏不同，此次所设专栏的文章全部围绕"教师成长"这一主题，而我之所以能轻松驾驭，无疑得益于我从2009年就开始的教师成长系列写作。

由此，无论是从教师写作技能来说，还是从教师成长的角度来看，专题性写作无疑都是一种有深度的写作。

研究性写作：从优秀走向特色

有一次，我给"国培计划"班主任项目的一个高级研修班学员上课。在互动环节，一位学员发问："王老师，你觉得对一个班主任来说，优秀与特色哪一个更重要？"我知道，这个话题用一两句话肯定说不清楚，便来了个反问："大家觉得呢？"一时间，教室里乱作一团，两种观点交锋不断。

好在，上课之前，我就通过辅导老师对这个班级的学员情况做了了解，并且知道研修已经进行了一个多月，学员之间彼此已经非常熟悉。眼见争论无法分出高低，我做了一个安静的手势，大家马上静了下来，直看着我，等待我的答案。

我扫视整个教室后，小声说："在座的获得过县区级优秀班主任的请举手！"齐刷刷，教室里的人一个不落地全举起了手。示意他们放下手后，我又说："获得过地市级优秀班主任的请举手！"三分之二的人举起了手。"省级的呢？"仍然有十几个人。"国家级的呢？"五个人举起了手。见他们狐疑不止，我顺口开了个玩笑："咱们这个高级研修班确实高级，国家级的优秀班主任都有五个，了不起！"停顿了一下，我问："听说咱们班里有位学员做了一个书信课程,颇有些名气,大家指一指他是谁?"几乎所有的人,一起指向了最后一排的一位老师,高声喊:"他!是他!"

"我的回答结束!"我笑着向大家拱了拱手。学员们先是一愣,随后都会心地笑了起来。一个念头从脑子里蹦了出来,我迅速在电脑上轻轻敲打,大屏幕上出现了这样一句话:没有特色,优秀拿什么来区分?

在各地讲课时,我经常说,人的成功有两种方式:一是雕琢,就是通过不停的改变和修正,让自己逐渐趋向于某种既定的成功标准;二是凿井,就是守住身上的某一特质,坚定地走下去,让自己在某一领域做到极致。第一种成功,其实就是我们教育行政搞的各种评先树优、荣誉奖励,他们预设了一个成功的标准和数量,众多的人改变和提升自己,以期通过筛选而获得认可。这种成功,呈现的是一种金字塔体系,越往上人越少,绝大部分的人注定会成为抬托他人的基石。第二种成功,是一种特色型的成长,没有标准格式,没有名额限制,一万个人就会有一万种特色,更适合草根教师的自我生长。严格地说,这两种成长都有优劣,最理想的成功方式是二者合一,在把自己雕琢到一定优秀的层面后,着力打造自己的特色。倘若因各种条件限制,我们无法获得行政上的认可,那么就转而选择深凿自己的井。由此,我们说,无论是优秀教师还是普通教师,都应该学会凿自己的井。

那么,如何凿井,如何形成特色?研究性写作就是方法之一。所谓研究性写作,就是教师在自己擅长的领域,把个人特长进行系统建构、理论提升,逐步形成自己的教育个性和主张的研究过程。

前面我们说过,问题性写作是基础的教师基本能力提升途径,专题性写作则可以在某一个方面进行深度思考和反思,研究性写作则是发现、挖掘、提炼个人特色的顶层研究方式。

最近几年,工作相对"安逸",我开始对自己近二十年的教育经历进行研究性反思:

——我做了什么？利用一年的时间，我整理了自己十几年来写的700多万字的教育叙事，形成了系列书稿。这应该是我教育经历中留下的最为宝贵的财富。

——我擅长做什么？用了半年的时间，我仔细梳理了个人在班级管理和学校德育方面的实践。我发现，自己一直在用叙事的方式对个人、学生、班级和学校管理进行叙事化的改造。这应该就是我目前最为擅长的领域。

——我更适合做什么？叙事教育，在经历了艰难的反思之后，我确定了自己的教育主张。而这其中，叙事德育应该是我的主要努力方向。

由此，我的教育写作发生了根本性的改变，由"教育叙事"转向了"叙事教育"，写作的方向和理念更侧重于叙事德育的研究性写作和创新。

我在回答各种媒体的采访时，最常说的一句话是："写作对教师的成长价值，不在于发表了多少文章，出版了多少专著，而在于它对你的教育思想和实践影响了多少、改变了多少。"对我个人来说，因其他能力有限，一直无法让自己变得优秀，只能凭借自己喜欢、擅长、坚持已久的叙事写作，进行寂寞的自我凿井。在历经问题性写作的磨砺，专题性写作的蜕变之后，我开始朝向教育研究的领域，一路前行。

这是我能做的，也是所有一线教师都能够去尝试的一种成长路径。

我是什么样的"样本"

为庆祝第三十个教师节,《今日教育》杂志做了一期"人物样本:汲取榜样的力量"的专栏,推出了包括我在内的八位教师的成长之路。那么,我是什么样的样本?我又能够证明一些什么?

不服从于困苦

人都会遇到困苦的事情,无论多少,无论大小。很多人就是在困苦面前,妥协了,退缩了,甚至选择了放弃。人又大都具有悲悯之心,无论亲疏,无论远近,看见在困苦面前转身离开的人,总会给以原谅、同情。这就让很多人选择服从,并心安理得地接受他人的安慰。这是至善的溺爱,人一旦习惯接受这种对弱者的同情,也就让自己的命运沦落在了平庸之中。

我坚信困苦不是获得抚慰的依据,挣扎才是人生的意义。两年临时工的代课经历,让我品尝了其他老师未曾有过的人生经历,轻视、不屑以及透在角落里的那些嘲笑与讥讽,不但没有把我击垮,反倒给我倾力一搏的动力和勇气;大学毕业被安排到校办工厂刷洗编织袋的经历,虽然让我有了一段昏暗的生活,却也让我沉迷于阅读,执着于文字,也让我对教育有了一种不一样的向往和感受；两年多的"贬斥"经历，确实一度让我触到了生命的低谷，并有过长久的徘徊，但是不习惯低头的我，在教育的边缘地带，保有了一颗不服输的心，既没有随波逐流，也没有迷失方向。

很多人以为我有什么样的特殊力量。其实，我什么也没有，像那个美国黑人女裁缝一样，我只是讨厌屈服罢了。

帕克斯是美国一个黑人女裁缝。1955年12月1日，在亚拉巴马州州府蒙哥马利市，她在一辆公共汽车上就座。那时，南方各州的公共汽车上还实行种族隔离，座位分为前后两部分，白人坐前排，黑人坐后排，中间是"灰色地带"，黑人可以坐在"灰色地带"，但是如果白人提出要求，黑人必须让座。那天晚上车很挤，白人座位已坐满，有位白人男子要求坐在"灰色地带"的帕克斯让座，她拒绝。如果对方是一个孩子或是老人，也许她会站起来，但这次，42岁的她厌烦了每天在生活中受到的不公平对待。她说："我只是讨厌屈服。"之后，她因公然藐视白人而遭逮捕。她的被捕引发了蒙哥马利市长达385天的黑人抵制公交车运动。这场运动的结果是，1956年联邦最高法院裁决禁止公交车上"黑白隔离"，帕克斯从此被尊为美国"民权运动之母"。50年后，在帕克斯的葬礼上，美国国务卿赖斯说："没有她，我不可能站在这里。"

我平日津津乐道的，就是两个故事，一是讨厌屈服的帕克斯，二是陷入枯井的驴子。在每一个地方讲课，我几乎都会提及这两个故事。原因很简单，帕克斯让我看到了不屈服的力量，而那头跌入枯井却又踏着纷至沓来的泥土跳出来的驴子，则让我学会了怎样面对厄运和曲折。

一路走来，辛酸苦辣，磕磕碰碰，我都可以试着垫在脚下，让这些成为我不断成长的土壤。因为，我是一个不愿意服从于困苦的人。

不迷失于寂寞

人的寂寞大约有两个来源：一是本性，骨子里就没有寻找热闹的想法；二是痛彻的遭遇，不期而至的沉痛打击往往会让人的热闹戛然而止。这其中的任何一个，都可以让人固有或者衍生寂寞，而我却是两者均有，所以我是一个在寂寞中越陷越深的人。如果硬要找出我的一点"样本"价值的话，那么我对寂寞的享受和应对也许可以勉强算是。

我是那种胆怯的人，外面的人和事会让我产生巨大的恐惧，害怕陌生是我对自己一贯的认识。小时候，只要家中来了客人，我必定是躲进内屋，大气不吭地一直等客人走后才会出来；及至稍大，每当放学回家，看见家里有了"外人"，我的选择一定是蹲在门外，等着父母送点吃喝便一溜小跑赶回学校；等到工作，最怕见到的就是领导，路上相逢，我宁愿绕开或者躲进胡同，也不愿意打声招呼，这并无半点不尊敬的意思，实在是没有勇气面对；直到今天，我对陌生环境的应对仍是十分拘谨，别人邀我去给老师们讲课，只要不是万不得已，我一般会选择拒绝，这并不是别人传言的清高或者傲慢，只是因为我无法面对那些讲完课后的应酬和客套。

从小到大，我就是这样生活在自己的世界里。兄弟姐妹之中，母亲对我的评价最高，因为我是一个从没有给她惹过事的孩子，按照母亲的话说："俺这个儿子，从小就让人省心，不招惹是非，还听话乖巧。"也许，就是从母亲的话中，我体味到了寂寞的朴素价值：一个生活在寂寞中的孩子，他的世界永远是清澈澄明的，他的生活也必定是安详而稳定的。

要是站在稍微哲学一点的境界来看寂寞，它也是有着自己的价值的。周国平说，人在寂寞中有三种状态：一是惶惶不安，毫无头绪，百事无心，一心想逃出寂寞；二是渐渐习惯于寂寞，安下心来，有规律地生活，用读书、写作或别的事务来驱逐寂寞；三是寂寞本身成为一片诗意的土壤，一种创造的契机，诱发出关于存在、生命、自我的深邃思考和体验。从这点来看，寂寞的价值就在于对这三种状态的觉悟和突破。

教育，在除却表面的繁杂和嘈乱之后，骨子里是一件很寂寞的事情。太多的年轻教师，从教没几年就开始觉得教书是一件很枯燥的事，既不喧嚣也不热闹，既没有明星艺人的繁华，也没有成功者的鲜花和掌声，甚至都没有一点点生机和活力。这种年复一年的重复和面对，会让人感到一种令人恐惧的寂寞，而大多数人是不能承受这份寂寞之苦的。于是，很多人就陷入了"一心逃出寂寞"的状态：有的人选择了随波逐流，吃喝玩乐，狐朋狗友，吃吃喝喝，用一溃到底的沉沦庸俗填充自己的生活；有的人沉浸在对物质的追求之中，办学办班，涉工涉商，以功利的忙碌麻醉自己的生活……事实上，摸到内心的最深处，无论何种方式的麻醉或者逃避，都不可能把隐匿起来的寂寞彻底揪干净，它们只能让一个人越来越累，越来越迷失。

因为骨子里那份对寂寞的先天认同，我踏入教育圈子以后就直接进入了寂寞的第二种状态。只要是读过我的文章的人，大都很熟悉我所经历过的挫折和打击，也都会理解我所处的那种深深的寂寞。幸好，我渐渐习惯了寂寞，也学会了用读书、写作来驱逐寂寞。可以说，是寂寞给了我隐忍的勇气和成长的力量，也让我在寂寞中收获了他人所疏忽、舍弃的很多东西。寂寞的价值并不止于此，我希望的是能够走进寂寞的第三种状态，让我所坚守的寂寞更有诗意，更有成长的价值。

不安驻于重复

我是一个很不喜欢重复的人。

上学时考试，虽然老师一再强调要认真检查，反复验算，但是我每次宁愿待在那发呆，也不会回头看一眼自己的答案。做练习题，碰到曾经做过的题，我甘愿等着老师的惩罚，也不想再去做一遍。我写文章，从来都是一气呵成，已经写出来的东西，既不会去重读，更不愿意去修改，这也是我一直不习惯替别人修改稿子的原因之一。我为老师们讲课，每次的内容很少重复，我喜欢的是每一次的新鲜。

有一位朋友说，他为了参加一次课赛，将备课反复修改了三十多遍，试讲进行了二十多次，以至于自己学校的班级不够用，还要到邻校借班试讲。他说这话的时候，是在表达自己所受的煎熬和折磨，而我想得更多的是这二十多个班的孩子到底收获到了什么，这些孩子在试讲的过程中扮演了什么样的角色，我们的课赛到底是为了什么？当我终于明白了课赛的实质，我选择了远离，不仅因为惧怕那几十次的重复打磨，更不忍心用那么多孩子的美好时光，去验证自己虚假的表演。

也正因此，我失去了很多，包括最现实的职称和炫丽的光环。

在很多人看来，教师的生活就是日复一日的重复，很多老师也不由自主地认同了这个想法。同一个班级的一批学生，一面对就是三年或六年，熟悉得不能再熟悉了；一本教材，一教就是十几年甚至几十年，枯燥得不能再枯燥了；一些鸡毛蒜皮的小事，一处理就是大半辈子，无聊得无法再无聊。教育似乎就是儿时的磨盘，一旦套在身上，就只需要绕着磨盘转，无须动脑，也不必费多大的力气，需要的就是一圈圈地转下去。

没有新鲜的风景。对于大多数老师来说，教育的枯燥或许就在于此。

其实，只要你愿意，教育的每时每刻都是新的：同样的一个学生，他此时的欢笑和彼时的沉思都是教育，我们需要的是一双发现的眼睛；同样的一批学生，生命拔节的声音在每分每秒都会不同，我们需要的或许只是倾听的能力；同样的一场教育，每一段都会有不同的生动，我们需要的就是一份愿意感受、能够感受的教者之心。

　　因为不喜欢重复，我会欣赏每一个学生的独一无二，这就是我的教育的开始。在我的文字里，有对同一个学生的持续关注和引导，有对同一件事情的不同思维视角。就是在这样的持续思考和反思中，我触摸到了教育特有的细腻和温暖，也体味到了职业的幸福。

　　困苦、寂寞以及重复，在教师成长中的阻力是巨大的，一个教师教育精神的挺立或者矮化，大都与此有关。我想，我所要说的就是，一个草根教师卑微而倔强的成长，其力量都是源于教育写作。

　　确切地说，都是文字的力量。

第二章
问题性写作：
改变教师的教育实践

问题性写作的成长价值有三点：
一是锐化发现问题的敏感；
二是养成反思问题的习惯；
三是提升解决问题的能力。

问题是教育写作的理由

写作的过程就是一个沉淀、梳理、反思的过程，即使无法直接提供解决问题的方案，也可以促使我们去寻求解决问题的方法。这对一个教师来说相当重要，特别是对经验尚不能满足教育实践需要的那些年轻教师，尤为重要。

有问题就应该有写作

我刚参加工作时，曾经遇到过一个喜欢用小刀划伤自己胳膊的女孩。那时候，缺少经验和阅历的我，第一感觉是心疼，猜测着那样一个孩子该是承受到了什么样的痛苦。但是，彼时彼地，我也没有好的解决办法，甚至不知道该如何处理。

面对自己未知的问题，找不到答案，就必须付诸文字。于是，我留下了这样的记录：

那伤，该是谁的痛

因为下雨，中午的课间操停了。我想看看这四十分钟里学生会做些什么，于是放下手中正读着的书赶到了教室门前。

虽然天阴得有些令人压抑，但因有了四十分钟的放纵，孩子们灿烂着，怒放着，教室内外充盈的是欢乐和轻松。转身要离开的时候，我瞥见楼梯僻静处有一个孩子面对着过道的窗户发呆。那份隐约的沉寂，在喧嚣的纷杂中被渲染得愈加落寞。

走过去，慢慢靠近，果然是她。沉浸于自己世界的她并没有感觉到我的到来，目光空洞而迷离地投向窗外，前方是一片嘈杂的市场，噪声飞扬，垃圾遍地。显然，她不是在欣赏风景，因为窗外并无风景可供欣赏。"看什么呢？"我的问话显然惊扰了她的沉醉。她匆忙掩住的手臂上，赫然零落着一条条的伤疤，虽然细小，却足以刺痛任何一双掠过的眼睛。

"这是怎么了？"

"划的。"短暂的沉默后，她淡淡地回答，目光和语气里没有丝毫的痛或不痛的感觉。

"谁给划的？"

"自己。"她的回答简单得不能再简单。

"用什么划的？"

"小刀。"

"为什么要自己划自己呢？"

沉默。

"能不能告诉我？"

"不高兴的时候就划一下，疼过以后就舒服些。"

我的心一阵刺痛，无泪无血的疼痛顷刻蔓延所有的细胞。十三四岁的孩子，为什么会用这种方式来排解自己的压抑和烦恼？是想起独自一人的生活，放学回家后自己做饭吃饭，写完作业后孤独地玩耍睡觉，还是想起时而无休止的争吵，时而空寂无人的家？我不知道，当她迷失在成长的路上，要承受多少让人窒息的压抑；当黑夜降临，无助和恐惧悄然而至的时候，有谁会给她开一扇窗，点一盏灯。

我不知道，那伤口应该是谁的痛？

在写作的过程中，人的悲悯之心不断被唤醒，教师的道德良知不断被激发，"我要拯救这个孩子"的念头让我寝食难安。当问题被当成了写作的素材和原因，教师关注的就不再是具体的麻烦事，而是教育必须要达成的方法与策略。

有了良好的心态和解决问题的决心，我又查阅了大量的专业书籍，并向优秀的班主任请教。最后，通过一家心理辅导机构的帮助，顺利解决了学生的问题。也是从那时起，我才明白教师的专业知识不仅仅是课堂传授的那些东西，也不仅是教学的技能和智慧，而是一个系统的、关于人的成长的知识体系。所以，我选择了心理学作为自己的课外学习任务，以便在遇到类似问题时，不至于忙中出错，造成教育之殇。

遇到无法解决的问题，一定要进行写作。因为，记录的过程就是一个沉淀、梳理、反思的过程，即使无法直接提供解决问题的方案，也可以促使我们去寻求解决问题的方法。这对一个教师来说，相当重要，特别是对经验尚不能满足教育需要的那些年轻教师，更是重要。

写作的初心低一点也无妨

总有人拿着各式各样的文章让我鉴别。

"王老师，您看看我的这本杂志是不是真的，然后给开个证明，好让学校给加上论文分。领导说了，只要教科室证明是真的，他们就给加分。"这是个老教师，手里拿的那本杂志赫赫有名，单从目录上满满的文章名和印刷质量就可以判断，这肯定是本假刊物。我无法开证明，这既不是教科室的职责,更不是我的能力所能及的。我只能拿出一本当期的真刊给他看,两本同样的杂志内容却不一样,肯定有一本是假的——而哪本是假的一眼便知。

"王老师,麻烦您看看这篇文章。我们两个人合作的,我们学校不承认,他的学校就承认,您说说公平吗?"这是个不太老的中年教师,两个人合伙发表了一篇论文,同时使用。一个加上了分,一个没加上。其实这跟公平没关系,两个学校的鉴别手段和标准不同而已:一个宽松,一个严格。这世上,哪有绝对的公平呢?

这样的事集中在这几天"爆发",原因很简单:这是个评职称的季节,而论文是其中的加分项目,还是晋升高级职称的必要条件。每个人手里紧紧攥着的那些来自不同渠道的论文,要在这几天充分发挥作用,论文的真假自然也就成了论文持有者最为关心的事情。其实,这是一个有悖常识的问题——论文怎会有真假呢?你写的文章发表了,自然是真的。当然也揭示了另一个问题——论文确实有假的,那些发表在假报、假刊上的文章,对于职称要求来说自然是假的。然后就暴露了一种现象——职称晋升要论文,有些老师花钱去买论文,一不小心买到了假货。从这个角度来说,假论文的持有者也是受害者。

其实,我想探讨的是:为什么不自己去写?

事实上,现行的职称政策对论文的要求还是比较宽泛的,以我们当地的文件为例:小学教师撰写的一千字以上文章,在知网上能够查到,就可以算论文。对于中学教师也不过是把字数提高了几百字而已,并没有限定怎样的文章算论文。按说,对于学历动辄本科、研究生水平的老师来说,写个千把字的文章,在多如牛毛的教育刊物上露一下脸,应该不算是多大的难事。那为什么很多人冒着被骗的风险去买,而不选择自己去写呢?不会写,写不好,达不到发表的水平,太累人……这是许多人给出的答案。我想问的是,你写过吗?尝试过吗?坚持过吗?肯定没有。换句话说，如果你写过，尝试过，坚持过，你肯定用不着去买文章。

所以，我建议，每一个老师都要去写，哪怕是为了职称，哪怕是为了省点钱，哪怕是为了不再上当受骗。这么一说，又有人反对：为了职称去写，这不是太功利了吗？

嫌弃功利而不为之，这也是教师成长中的一种病。目标伟大了说虚，目标具体了又觉得不够高尚拿不出手，弄来弄去就没有了目标。这种病，得治！国人喜欢标榜道德，描述一个成功者的最初动机时，往往会无限拔高，把本来烟火味十足的理由硬放在道德的制高点上，让人可望而不可即。一谈到某某家，自然是从孩童时就立下了"为天地立心，为生民立命"的宏图大志。而太多的人，瞅瞅人家的大志，想想自己的小算盘，自感卑劣，也就放弃了尝试的想法。这样的道德标榜与绑架，不知道阻止了多少人本来要迈出去的那双脚。

实际上，一个人做事的初心未必要多么高尚，也未必非得达到某种道德的高位。在这一点上，我比较喜欢莫言的坦诚。莫言在一次"我为什么要写作"的演讲中说："最早的时候，我就想为过上一天三顿吃饺子的幸福生活而写作。"能吃上饺子，就是他最初想要去写作的原因，这个理由一点也不高尚，却很真实。这就是人性，在那样一个吃不饱穿不暖的时代里，当听说省城的一个作家靠稿费就能天天吃水饺时，产生靠写作吃饱饭的想法是再自然不过的事情了。当然，如果莫言只是为了"饺子"而写，肯定也不会有今天的成就。

事实上，从"饺子"开始起步写作，然后越写越好，慢慢地写作就成了爱好和习惯，情怀和信念也就一点点提升，境界自然也就变得"高端大气上档次"了。或许，这才是一个人的高尚情怀形成的可能路径，至少比一出生就衔着救国救民金钥匙的说法来得真实。

倘如此，教师写作完全可以从为了某种需要开始。当然，这种需要可以是职称，可以是骨干评选，也可以是其他。无论如何，只要开始了，就比待在原地有用得多。

写作是最好的疗愈

这倒是让我开始回忆自己写作的原因。

从做临时代课教师开始，我的教育生活总是处在一个比较尴尬的境地。为了摆脱这份尴尬，我返校复读四个月，终于考上了一个专科，浑浑噩噩读了两年历史专业，在还没找到感觉的时候毕了业，成为真正的公办教师。然后，眼睁睁看着一起分配来的新教师都有了各自的课堂，自己却被指派到校办工厂当工人。洗刷塑料编织袋的那半年，是我人生最为灰暗的时候，有些被划为"四类分子"的羞耻感。

有一天，在从济南回来的车上，偶遇一个当年一起被分配到那所学校的同事，当聊起那灰暗的半年时，他竟然说："我们一直认为你挺幸福的呀！不用备课，不用上课，还不用和学生生闲气，不就是干点苦力活嘛！"你看，我自以为无法逾越的那种苦闷，在别人看来根本算不了什么；我无法排解的那种被侮辱的感觉，在别人的世界里根本就没有任何共鸣。

忽然间，我明白了一个道理：每个人都会有一段别人无法体味的，只有自己才能够品尝到的，异常艰难的时光。所谓感同身受，不过是安慰人的一种幌子，你的世界里的阴霾，别人怎么可能看得到，既然看不到又怎能深刻地与你一起领悟到内心里的痛呢？对一个人来说，无论再苦再累，无论是否到了自己世界的末日，能够救你的只有你自己。

所以，越是艰难，你越要学会拯救自己。

两年后，当终于有机会站在了属于自己的讲台上时，我竟然发现自己有些手足无措。一个别人抛弃的乱班，一群根本就无法控制的学生，那时我才发现，我是真正落入了教育的困境。做好很难，做不好倒是恰好印证了领导当初对你的判断——这人，不是当老师的材料。当时的自己进退两难，举步维艰，每天都如在汤锅里捞日子般悲戚。

多年积攒下来的委屈、不满，在那一刻倾泻而出——为什么倒霉的总是我？有人说，愤怒出诗人。我没有愤怒，只有悲伤，所以终于没有成为诗人。但是，从那时起，我拿起了笔，为了一种随意的排解。慢慢地，我发现，在所有能够帮助我改变恶劣处境的方式中，写作成了最好的一种。

任何一个人，在这个世界上走过一遭，总会多多少少地沾染上五花八门的痛苦。这些痛苦在内心里积压多了，往往会摧毁一个人的意志。这样的痛苦需要一个逃离的出口，需要自己对自己做出尽可能多的解释、安抚与激励。换句话说，痛苦是一种病，得治！说得好听些，叫作疗愈。这种疗愈，只能是自我的、自己对自己的一种治疗，别人无法插手。

那么，写作就是这样的一种疗愈。

在夜深人静的时候，面对一页纸、一支笔、一个键盘，把自己和盘托出，清晰地晾晒在自己的眼皮底下。然后，完成一种对话，真实的自己与理想的自己之间的不需要声响的对话。对话，就是治疗，在对话的深处，所有的伤痛都会被一点点清洗，由浓而淡，直至消失，或者隐匿到轻易碰触不到的角落。

现在想起来，之所以在那样的时候自己还没有彻底放弃自己，真实的原因大概就在于此，就在于每个深夜里的写作。

写作的理由

为什么要写？——为了教师的专业发展？显然，很多人希望得到的是这样的答案。但是细想，这个理由恐怕空洞得连说出来的人也有些心虚。教师专业发展是一个经常挂在嘴边，却又看不见摸不着的东西，不仅虚,而且远。因为相距遥远,对老师们的吸引力也就小了很多,若以此作为写作的目的,委实有些过于宽泛了。所以,我想以最朴素的理由说一说,教师为什么要写作。

让自己的所有问题变得有意思。我们不得不面对这样一个事实:素质教育喊了很多年,我们的教育仍然处在一个"学生很苦,教师很累,教育很危险"的尴尬境地。教师的累多是心累,是一种与体力活动截然不同的疲惫,而这种疲惫大多源自对学生学业成绩的关注,以及社会强压给教育的种种焦虑——安全,指责,不合实际的要求,过度的期望……在这种环境下,教育所有的温暖和矜持,一点点地被挤压成冷冰冰的呵斥、狂躁和相互倾轧。

常有这样的体会:在抛开成绩以后,我们无论看哪个孩子都无比天真可爱,都是可以带给我们欣喜和愉悦的天使。但若套上分数的马夹,那些微笑的脸就会被分成三六九等,好的、较好的、差的、极差的。如若他不是你班级里的孩子,如若你不必对他担负考取高分的责任,那么他的顽劣就成了活泼,他的倔强就成了个性,他画得乱七八糟的校服就成了可以欣赏的艺术品,至少也是青春年少里一种可以理解的涂鸦。相反,如果他是你的学生,那么一切是不是就都变得不再那么轻松和惬意?

这样想来,其实教师的压力主要还是源自己的心态,以什么样的心态对待教育,其实就决定了你可以走多远,可以走多久,走得是不是惬意,是不是舒心?

正是因为教育里掺杂了太多的评比、考核和竞争,一路走来,才出现了那么多大大小小的麻烦事。如果每一件麻烦事,你都绷紧了弦去对抗,你的一生或许就充满了战斗的硝烟。与其那样,不如放下身子,放慢速度,放平心态,拿出一些研究问题的心态来对待教育,对待那些已经发生或者即将发生的麻烦事,或许真的可以把麻烦事变得有意思起来。学生违反了纪律,耐下心来多问几个为什么:为什么会这样?为什么天天强调却不起作用？为什么一而再再而三地出现相同的问题？再反思一下自己应该怎么去做？有没有什么好的解决问题的办法？

想过了，反思了，尝试了，解决了，然后记下来，写成文字。麻烦事成了我们写作的素材，成了我们研究的对象，这是不是一件很有意思的事情？

为自己搭一个比讲台大的平台。我始终认为，教育写作是一个大的平台，很开放，很包容，谁都可以进入，谁都可以拥有。当老师的，都习惯了守护三尺讲台，总以为它足以演绎全部的风风雨雨。其实我们错了，一个迈不出讲台的老师，注定走不远，也站不高。

每一次讲课比赛，都是耗人心血的事。耗费了精力和金钱，演练了千万遍越讲越虚的套路，最后获取的不过是一个证书和满身的疲惫，距离成长恐怕依然很遥远。更何况，每次比赛的获奖名额总有限制，无论参赛的那个群体有多么优秀，一等奖就那么几个，其间的竞争无比惨烈，甚至是血淋淋的恐怖。最关键的是，即使有幸挤上领奖台，如果没有写作的支撑，又能够走多远？

而写作则不同，无数个杂志社，无数张报纸，无数个平台等着你的文字。只要你愿意写，无数个编辑的无数个标准中，总会有一个适合你的文字。发表了，有了动力了，写得多了，思考得就深了。写作，其实就是对自己的教育行为进行追问、审视、推敲、质疑、批判、肯定、否定……的过程。一个人，一旦养成了反思的习惯，很多想法，就会在不知不觉中变成思想。

一个选择了写作的人，骨子里总会有一点恃才放旷的傲慢，有一点激扬文字的冲动，有一点放荡不羁的洒脱……而这些，恰恰是保证教育鲜活和生命豁达的精气神。也许教育写作，最大的底气，还是涌动在对教师成长的滋润和浇灌上。

其实，魏书生、李镇西这样的大家，他们的成功已经足以说明，平台是大于讲台的,并且大得多,也开阔得多。

  让自己跟得上学生和家长的成长。一个四十多岁的中年教师,收到了一封学生家长写的信和一本书。在信中,这位学生家长首先回忆了自己求学时的两位老师,一位是懂得教育艺术的,一位是简单粗暴地伤害过她的,他们都留在了这位家长的内心深处,只不过一个获得的是深深的尊重,一个是强烈的鄙视。她还谈了自己对孩子教育问题的认识和行动上的改变,从简单的经验传承到真实有效的科学引领。最后,这位家长写道:"在这个高速发展的信息时代,社会在不断进步,无论成人还是孩子,都需要爱、尊重和理解。父母和老师每天都要和孩子接触,责任重大。一些好的传统做法值得珍惜,但也有一些已经不再可取。我们需要学习新的理念,活到老学到老,这样才能跟上时代的步伐。最近读了一本书,里面记录了很多关于孩子教育的案例,运用到孩子的教育中很有效,感觉很好,特意买了一本送给您,希望对您也有所帮助。"

  这位中年教师读信后,联系自己的教育和管理情况,明显地感觉到这是家长在委婉地暗示老师,说他有很多的教育方法和理念都已过时了,需要读书学习了。他跟我说这些的时候,是带着气愤的。但是换一个角度讲,我们的老师是不是真的应该反思一下自己:一年中除了教材、教参和辅导材料,读过多少书?一年中除了写教案、做题和板书,又写过多少文字?

  这个时代真的变化很快,教师这个职业是绝对不能以不变应万变的。学生变了,家长变了,你所教的学生一届比一届知识面广,你所面对的家长,与你的年龄差距一批比一批大。他们都变了,你还抱着十几年甚至几十年前的东西牢牢不放,教育又如何能应对得了这么大的差距。

  我们做教师的,真的需要读点书,写点东西了。要不然,说不定还会有很多学生家长给你写信、送书呢!如果我们不能够站在时代的前列引领家庭教育,那么至少,我们也得跟得上学生和家长的成长。

给自己的生活留一点念想。正在为工作而劳累着的年轻人,永远无法想象一位退休老教师的落寞和痛苦。退休前,他是一个很敬业的好老师,教学成绩好,班级管理井井有条;退休后,他闲着无事可做,天天都会跑到学校里,有时候帮着别人改改作业,有时候站在教室外呆呆地发愣,更多的时候是祥林嫂般地回忆自己三十多年的教育生活。

"我那时候……"这是开头,而一旦开始就会喋喋不休,弄得整个办公室的人都唯恐避之不及。我试着提议,能不能把那些故事写下来?他摇着头回答,都有些年头了,说个大概还行,写是写不出来了,况且没写过,手生,再说,也想不那么详细了。

那天,办公室的李老师正在处理一个犯错的学生,他一时兴起,也跟着教育了学生几句。没想到,那学生大吼一声:"你都不是老师了,逞什么能!"只这一嗓子,他所有的幸福和勇气都戛然而止。从此,他再也没有到过学校,再也没有勇气"逞能"。

在一个以奉献为职业标准的时代里,教师被无缘无故地强加了许多非人性的行为准则。像春蚕、蜡烛这样的比喻,本身就是缺乏人性化的表现;而"太阳下最光辉的事业""人类灵魂的工程师"之类的赞美,则多多少少有些哄人的味道。这只能说明,社会缺乏理性,人们对教师的职业缺乏理性。在我看来,教育绝不仅仅是一个无私奉献的岗位,更应该是一个能够不断获取的职业。如果一个教师,始终把学生的成长和成功作为自己人生欣喜的唯一来源,而忽略提升自己的事业境界和生活品位,那么,当你离开教师岗位的时候,你将会一无所有。

其实,教育里正在发生的那些或幸福、或心酸的事,就像是生命里璀璨的珍珠。如果不刻意收拾,就会散落一地,埋入黄沙,抑或泥土里,再也寻不见。而如果,你有心地把他们捡起来,珍藏着,串成一串,你拥有的将是美丽的项链,挂在胸前,温暖的将是一颗心。

把那些事写出来,放在博客里,夹在书页里。老了的时候,至少可以整理一下自己的随笔,结个集子,即使不出版,也算是一个念想。或许,有了思想的你,可以在回味的时候,用时间的沧桑,把那些文字浸润得更温暖,更温馨,更有味儿。原来,习惯于写作,就是留给生活的最大念想,也算是做教育的同时,给自己积攒的一笔精神财富。

说到底,教师写作不过是为了让我们不再对教育里的那些不满意习以为常,不再让教育里的那些幸福的事随风散走。留下该留的,在某一个时候,为生命擦亮一些日子。

叙事是最基本的写作形式

问题性写作的类别有很多,教育叙事、教育案例、教学反思等都属于问题性写作的常见形式。那么,对于教师来说,最初的写作应该从哪种写作形式开始比较好呢?我以为,应该从教育叙事写起。因为,教育叙事是以故事为载体的,而故事对于人的意义有源自精神的那种深远。

故事的价值

在美国,有一项名为"企业内部讲故事"的活动比较盛行。著名的施乐公司收集了大量维修方面的事件及经验,让员工以故事的形式讲述出来,并把这些故事整理成一个故事库,取名为"有问题就找它"。因为故事比那些枯燥的经验说明文字更容易被人复述和记忆,更富有人情味和感情色彩,因此大大提高了员工的培训效率。据《财富》杂志估计,这个故事库的价值已达一亿美元。

奥巴马在赢得美国总统竞选后,发表了一次著名的演讲,这次演讲并没有讲什么高深、玄虚的东西,而是讲了一个普通人的故事——安·尼克松·库波尔的故事。奥巴马通过讲述这名 106 岁高龄妇女的人生经历,把美国一百年间的政治、经济、文化全部展现出来。诚挚的情感和动人的情节成功地打动了每一个听众,包括他的竞争对手。由此,他的这次演讲被誉为"最朴素而伟大的政治宣言"。

2012年1月4日,中央电视台《讲述》栏目组到西郊学校拍摄"七彩小屋"。当时,我在这所学校做德育工作,全程陪同并参与了为期五天的拍摄活动。这期间,我目睹了栏目组对"讲故事"的那份执着,并且与栏目记者柴义昆女士有了更多关于故事的交流。休息期间,她曾很认真地对我说:"其实咱们都是讲故事的人,只不过我们是用影像讲述,你是用文字记录,但是我们都很清楚故事的特征,也懂得故事的价值。"诚如柴记者所说,了解了故事的特征,也就懂得了故事的价值。这一次经历,让我对故事的价值有了更深刻的理解。基于我所擅长和了解的教育叙事,我愿意与大家分享我对所偏爱的故事类型的理解。

一是真实的细节。真实是故事最底线的东西,也恰是故事最耀眼的价值。现实生活中那些最真实的况味所凝聚起的力量,往往更加令人震撼,更加发人深思。我们可以对此起彼伏的高谈阔论熟视无睹,也可以对喧嚣的世界泰然处之,但我们无法抗拒那些细微处的真实——当细节轻轻展开,带你轻轻触摸生活脆脆的质感,你就不得不进入故事,为它落泪,为它雀跃,为它打开内心最柔软的部分,直至全身心地融入。

二是朴素的原生态。我对原生态的东西有着一种特殊的情感。它们或许不够完美,或许有着这样或那样的毛病与缺憾;它们也许不具备打磨后的光滑,也许粗糙得有些令人尴尬。但是,它们身上有一种原汁原味的自然气息,这股气息总能让我们愉悦地置身于一个活生生的生命面前,感受到一股来自底层的、原生态的朴素力量。

三是沉静的内视。故事关注的是内心,透过内心的审视,寻找能够荡涤人们灵魂的那把精神钥匙。故事的价值在于始于原点又终于原点,这个原点就是一种安静的形态,故事最终会留给人们一大片沉静的空间,让人学会内视。像是中国写意山水，以大片的留白，传达出了"空"的境界。因为"空"，恰恰可承载最恢宏的人生百态，传递最悠远的悲悯情怀。

至此，我们可以寻找出这一类故事的基本特征——真实、朴素、沉静。而这，也就是这类故事的价值——以真实打动人，以朴素吸引人，以沉静启发人。对于教师来说，拥有最多的可能就是故事。这些故事，倘若不用文字进行精细加工，使它焕发出完美的教育意义，实在是一种浪费。

今天，故事的价值已经越来越为教育者所理解和领悟。以故事为核心的教育叙事，已经受到越来越多的关注。朱永新教授倡导的新教育实验，其中最重要的一项基本内容就是"师生共写"，叙事则是"共写"的主要内容。现在的各种教育刊物，几乎无一例外地开辟了教育叙事栏目，教育叙事成了教师最愿意浏览的内容之一。各级学校，特别是中小学校，已经越来越重视教育叙事对教师成长的基础性价值，一些有远见的校长在极力倡导教师从事教育叙事的持续写作。

所以，我始终认为，教育叙事是教师写作的起点，也是教师成长最有意义和价值的起点。

教育叙事是什么

我发现，大多数人喜欢写小故事，也有老师把自己写的小故事发给我，让我帮忙看看算不算教育叙事。在这些文章中，有人物、有地点、有时间，故事的描述也颇有文采。但是，我却以为，这样的文章还算不上是教育叙事。

那么，什么样的文章才算是教育叙事？

首先，我们要理解"叙事"的真正含义。叙事，不是简单地讲故事，而是以讲故事的形式开展的一种行动研究。说得浅白一些，叙事的目的不是宣泄情绪，也不是单纯记流水账，而是揭示故事背后隐含的深刻意义。这或许就是叙事与"拉呱"、文学故事最根本的区别。

其次，我们要弄清楚什么是教育叙事。就"教育叙事"这四个字来说，它本身就有两层意思：一是教育叙事研究，是指通过讲述教育事件而获得教育智慧的一种研究活动；二是教育叙事文本，相当于课题研究的成果报告。我们通常所说的教育叙事，一般是指后者，就是对某个或某些教育故事进行有针对性的反思后写出来的文章。

我想用下面的一篇文章来说明以上两个问题。为了方便说明，我选取的这篇文章极短，是我在2011年写的一篇教育叙事，刊发于2011年《班主任之友（小学版）》，被作为卷首语。

抱一抱自己

在走廊僻静的地方，一个女生半蹲着，两只胳膊肘搭在膝盖上，双手交叉扶着肩膀，头深深埋在两手之间。

"身体不舒服吗？"我走近了问。八九年级下午的课间操改成了冬季长跑，有些学生长跑后会有些不适。

"没有，我在抱自己呢！"她昂起头，灿烂地笑。

一时间，我竟有种久违的感动。抱自己？多温暖的感觉呀。

每个人，在出生之时就注定了要匆匆赶路。蹒跚学步，虽然踉踉跄跄，却也是一种跑的姿势。好在，身边不乏亲情和鼓励，即使磕碰，总有那么多温情的拥抱。大了，走得就会越加匆忙而专一，再也没有时间为一只路边的蝴蝶而驻足，为一声雁唳而翘首。很多时候，我们总是渴望别人的安慰、鼓励和拥抱。但岁月愈长，这些成为幻想的可能就越大。

如果，真的没有那么多怀抱容纳你的脆弱，那么，像那个孩子那样,在累了、倦了、烦了的时候,找一个姿势,好好地抱一抱自己。然后抬头,加快脚步。

俗话说,麻雀虽小五脏俱全。这篇文章虽然只有三百多字,却呈现了一篇教育叙事的三个基本环节。一是讲了一个小故事。在走廊,偶然遇到一个半蹲着的女生,一段对话,说清楚了故事的基本情节。二是有了针对故事的思考和反思。整个倒数第二段,是女生的一句"抱自己"而引发的人生思考。三是有了自己的理解和主张。最后一段,揭示了在没有他人可以给予安慰时,我们应该怎么做。从本质上讲,是找到了解决人生困惑的方法。

这篇叙事文章,最后的指向是整个人生而非仅仅是教育,这恰恰说明了教育叙事不只是叙教育之事,也不仅是思教育之思。我们可以由生活事件来反思教育,也可以通过教育事件来反思人生。不过,教育叙事的写作,绝大多数都呈现这样一种格式:讲述一个教育故事,谈谈由故事引发的教育反思,说说自己由此得到的教育启示。这是最基本的教育叙事形式,也是最为简单的教育叙事文本呈现方式。

说了这么多,我只是想告诉大家,教育叙事绝非讲故事那么简单,也不是所有的故事都可以写成教育叙事。概括起来说,教育叙事是一种有选择的叙述,有针对性的反思,有意义的成长。它是一种比教育实录、教育反思、教育案例更"文学"的一种研究形式。也就是说,它所讲述的故事,应该是典型性的、具有教育意义的。

我在讲教育叙事写作方面的话题时,一般会把教育叙事简化为"一个故事+理性反思+教育主张"。这是我就基本型教育叙事提炼的一个写作模式,但绝对不是万能的模式。因为,教育叙事本身就有很多种呈现方式,比如夹叙夹议、多故事表述等等。我所给出的,只是最简单的、最基本的、单一故事型叙事写作策略。这应该是初学叙事写作的朋友,启动教育反思的第一块踏脚石。

怎样写好一个故事

在很多场合，我提出过教育叙事最简单、最基本的结构就是"故事＋反思＋主张"的观点（教育叙事写作方法有很多，这只是其一），很多老师认为三环节中最容易的部分就是"写故事"，这话对，也不对。把故事"写"下来，所有人都没有问题；把故事写好，可能就没有想象中那么简单了。

下面，我就怎样写好"故事"谈谈自己的一点浅见。

开篇要简洁且明了。在文章的开篇，教师最容易陷入的误区有两个：一是大篇幅呈现一些理论性的文字，引经据典、滔滔不绝。这很明显是忘记了我们在写什么，我们撰写的不是教育论文，而是一个教育故事，既然是故事就绝对没有必要在开头讲那么多高深理论。二是使用绵延不断的煽情、介绍、解读、说明类文字，进行大面积背景介绍。这一点同样不可取，一篇教育叙事一般只有一千多字，花上几百个字去介绍故事背景显然不合适。一篇教育叙事，最重要的是讲好一个故事。既然是讲故事，那么开头部分就只需要用最简洁的语言介绍清楚何时、何地、何人将要去做何事，而不是进行无休止的背景铺垫。

何时、何地、何人的表述要开门见山，然后直接进入故事。文字要为内容服务，漫无目的的炫文采、抖包袱，只会适得其反。一个话语啰唆的人，往往写半天还在兜圈子，大量的题外活动使读者的心理期待降低，容易产生对文章的厌烦感，从而导致文章的吸引力不足。以《除非，你拐个弯》（后附文）为例，这篇文章的开头："临近考试，我想用实物投影仪给学生展示单元试卷的标准答案，却怎么也找不到多媒体展台的钥匙。"短短一句话，揭示了时间（临近考试的时候）、地点（教室）和人物（我、学生），并简要点明了"何事"——多媒体展台的钥匙找不到了。这么直截了当的开头，很容易让人产生阅读的渴望——怎样才能找到钥匙呢？那么，故事情节的展开也就变得自然而然、水到渠成了。

情节要曲折而有致。写好一个故事，应该避免平铺直叙，要尽可能地把故事写得一波三折、跌宕起伏，说得通俗一点就是要有"戏"、有冲突。如果说在开篇介绍何时、何地和何人时，要尽量少用笔墨，那么在描写情节（即"何事"）时，则需要不惜笔墨。但是，这些笔墨必须是为故事情节服务的，对那些既不能引发悬念，也不能埋下伏笔，又不能推动情节发展的描写和叙述，能删的坚决删，绝不能拖泥带水。很多老师无论需要与否都喜欢对故事中的人物进行细致描写，这就有悖故事写作的要旨：只求故事情节曲折有致，不求人物丰满可人。

《除非，你拐个弯》的故事很简单：钥匙找不到了，"我"通过观察学生发现了藏钥匙的嫌疑人，并巧妙地让他主动找出了钥匙。如果就这样平铺直叙，那么这个故事的可读性就大打折扣，甚至不能称其为故事。而文章尽可能使用了简练的语言，一点点推动故事情节的发展：先提出手写答案的解决方案，然后指定"嫌疑人"帮忙抄写，逼着不愿意写字的"嫌疑人"自己提出寻找钥匙、发现钥匙，最后"我"再顺势巧妙地点透一个结论——"我"知道是你藏的钥匙。这样一来，整个故事情节就变得饱满而跌宕，并且文中的每一个字都起着推动情节发展的作用，绝无半句废话、闲话。

语言要朴素而深刻。语言朴素是教育叙事的特点之一。所谓朴素，说得直白一些就是干净，没有杂质，不加修饰。如果我们仔细揣摩一些大家的文章，就会发现他们的语言有一个共同的特点，那就是纯粹、质朴。教育叙事也是这样，不过分追求语句的华丽和喧嚣，不刻意渲染大红大绿的文字叠加，这是写好一篇教育叙事文章最基本的语言要求。所谓深刻，就是凝练中蕴含价值。《除非，你拐个弯》中的每一个字，都为其深刻的含义服务。一些复杂的人物心态,往往通过简单的几个字就可以表达得淋漓尽致。比如:"是!哦,不是!"几个字所表达的心理起伏,恐怕一二百字都无法彻底表达清楚;"笑,我也笑"四个字所概括的故事情节,也许比几百字的描写更具感染力。

另外,要尽量用描述性语言,避免使用解释性语句。比如:"那天,雨下得很大,我的衣服都被淋湿了。"这就是描述性语言,是我们所需要的。"因为那天雨下得很大,所以我的衣服都被淋湿了。"这就是解释性语句,是我们要尽量避免的。还有就是语言要具体,尽量不用抽象语言。比如说天气热,我们可以用具体的事例来说明——刚出门,衣服就湿透了。而不能一味地强调:天真热,真是太热了!

只要把握好了开篇、情节和语言这三关,教育叙事的"故事"环节就水到渠成。至于,故事之后的反思和主张,我将在后面的文章中进行介绍。

如何依托故事进行反思

文学故事与教育叙事都是在讲故事,但又有着很大的区别。

从故事的写作方法上来说,文学故事可以对一个原生态事件进行文学化创作,甚至完全虚构;而教育叙事则是对已经发生的某个事件的生动叙写,属于非虚构性写作。

从故事的使用价值上来说,一个完整的文学故事本身就是人的精神晒场,可以给人以警示、启迪和思考,一般不需要作者再进行专门的理性升华;而教育叙事中的"故事",只是一种载体,是作者对教育进行思考和反思的"素材"。前面我们说过,教育叙事是一种研究,是一线教师进行行动研究的有效方式。从这个角度来说,教育叙事中的"故事"就是研究的样本,我们写故事是为了依托它进行反思,进而对整个教育进行理性的思考。所以，我们写好了"故事"，并不意味着一篇教育叙事的终结，更为艰难与重要的是挖掘出这个故事里的教育意义。

那么，如何依托一个故事进行反思呢？事件不同，反思的方法和内容也就不同。在这里，我根据自己的写作经验介绍几种反思的思路和方向。需要提前说明的是，我这里做的是反思模型的提炼，意在说明和强调反思的内在过程，并非文本的直接表述。

从质疑引发反思。质疑思维是指我们在描述完一个故事后，通过"为什么"的提问，综合运用追问、诘问等方式，改变原有条件而产生新事物（新观念、新方案）的思维方法。比如，如果我写了一次失败的教育经历，那么就可以从"为什么会出现这样的结局呢"问起，一步步地不断追问，直至找到问题的症结；如果记录的是一次成功教育事件，就可以从"为什么会取得这么好的效果呢"问起，层层递进、系统科学地总结出成功的经验……如果我们对每一个事件，都在心里进行如此深刻的反思，那么我们就会在这种持续不断的反思中获得成长，我们的教育实践也会一点点走向成熟。

质疑是人的思维走向深刻的开始。对一个教育事件的记录和表述只能帮助我们知道有这么一件事情发生，要想真正理解其内在价值则需要不断对问题进行质疑。我建议每一位教师，无论是在写作过程中，还是在具体的教育实践里，都要时刻进行这样的反思："这样做对吗？""这样合理吗？""这是最佳的方案吗？"我相信，有质疑才会有发现，有发现才会有努力，有努力才会有发展。

由对比产生反思。更多的时候，我们记录和撰写的教育事件可以成为我们的镜子。无论是成功的案例还是失败的教训，无论是应该鄙弃的教育现象还是值得褒扬的教育行为，我们的记录都给我们留下了一面心灵之镜。2012年15—16期《人民教育》刊发了一篇我的教育叙事《不做"找茬儿"的教育》，里面讲了一个老师对学生进行的"找茬儿"式教育。当我完成故事的撰写以后,首先反思的就是:我有没有做过类似的"找茬儿"的事情?周围的人有没有做过?这样的反思,让我从他人身上"照出"了自己的问题,这就是对比的价值和意义。

虽然,过去的经历对我们来说不可逆,但我们可以通过反思它的对立面来坚定我们今后面对类似事件的态度。在面对他人的故事时,我们不妨多做一下类似的思考:假如当初用另一种方法结果会怎样?假如当初再认真些会怎么样?同时,还可以换位拷问自己:换作是我,我会怎么做?我能不能做得更好?这样的反思并非"马后炮",它可以帮助我们知道下一次遇到类似情况时该怎样去做。

用归纳优化反思。我曾经写过一篇文章《我们只是路过而已》。在文章中,我记录了一个中年妇女对求助于她的男孩刨根问底,最终导致男孩无地自容、落荒而逃的故事。在这个故事之后,我对人性,特别是教师性格上存在的一个共性问题进行了归纳性反思,提出:教师意识中普遍存在着"自以为是"的教育意识。这种以某个具体的实例来揭示整体性特征的思维方式,不仅是教师反思的重要方法,也是教育研究的基本策略。

在很多时候,教育叙事未必非得写一件事,多个小故事也可以共同成为一篇教育叙事的素材。这样,我们就可以把那些零星存在的记忆进行合理整合,找出它们的共性。而一旦我们将它们联系起来,这些事件就会显示出一般性的规律。由此追问几个这样的问题:"我的这些错误有相同之处吗?""这么多问题说明了什么?"经过这样的归纳反思,找出问题的症结,解决问题也就不难了。

借用郑杰校长的一句话结束:"反思比培训更能帮助教师进步。当一个人总是进行有意识的思考、自我监控和自我评价时,还能不进步吗?"由此,我斗胆进一步进行延伸:反思对教师成长具有"根"的意义,它触动的是我们的观念和思考,改变的是我们成长的"后台"和根基,形成的是我们的思想和信仰。

如何确定文章的题目

俗话说，题好一半文，一个别具一格的题目能令文章增色不少。我想就文章题目这个话题，回答以下三问。

好标题应该符合什么样的标准？这是很多老师喜欢问的一个问题，却并不好回答。我个人认为，"确切、简明、新颖"应该是好标题的基本标准。所谓确切，就是指这个标题能够准确地表达主题，概括文章的内容。我曾经修改过一位老师的文章，文章主要内容是讲他接了一个新班级，学生都很自卑，不敢在课堂上举手。为此，他想了很多办法让学生慢慢敢于举手回答问题。当时，他把题目定为"学生学习习惯与自信心的培养"。我感觉这个题目太空太大，建议标题定为"教育就在'举手'之间"。这里的"举手"具有多重含义，比较切合文章的内容。所谓简明，就是说文章题目的字数不宜过多，逻辑层次关系不宜过于复杂。有的标题绵延不绝好几十个字，读上好几遍还不能理解到底说了什么事，这肯定会影响大家读下去的兴致。所谓新颖，就是鲜明生动，能够给人以新鲜的感觉和深刻的印象，最好能够达到"眼前一亮"的效果。这一点很重要，题目的新颖与否，也许就决定了编辑会不会浏览你的稿子，读者会不会打开你的文章。当然，这里的新颖应该是建立在准确表达主题之上的，绝不是倡导大家都去做"标题党"。

文章标题有没有固定的样式？从哪一个角度去选择标题，这肯定是一个很开放的命题，不会有什么固定的模板和范围。但是，就经验来说，也有一些常见的标题样式可以借鉴。为了回答这个问题，我专门翻了一下自己的一本关于教育叙事的书，从目录上来看文章的标题多从以下几个方面获得：一是用人物的名字做标题。我的一篇文章是写小学同学

"山子"的,因此文章完成后便把标题拟为"山子"。以主人公名字命名的文章,多选用主人公的昵称、外号等,一般不直接用真实名字(伟人除外)。二是用代表物件做标题。我写过一篇《苹果种子》,因为故事的情节是围绕学生栽种苹果种子展开的,"苹果种子"属于故事里的代表物件,便有了这样的题目。三是用关键事件做标题。比如《发现学生偷盗之后》《剪发风波》等文章,一看题目就知道文章记录了怎样的一个事件。四是用事件发生的时间或地点做标题。比如《这么一家小店》《教室的一角》《明天的明天》等。倘若时间或地点具有特殊性,在事件中具有举足轻重的地位,便可以用来做题目。五是用揭示主题的语句做标题。这些语句,可以是人物对话,可以是锤炼后的核心句子,比如《谁也不能赐你远行的力量》《我们最终要教给学生什么》《别用数字伤害道德》等,这也是我常用的标题形式。

标题应该在什么时候确定?这个问题其实并不开放,说到底就是个选择题,即:先定题目再写文章,还是先写文章后定题目?在我看来,这纯粹取决于个人习惯。若喜欢命题作文(这可能与小时候的作文训练有关),那你就先自拟题目,然后围绕题目确定的主题去写作;若喜欢先确定主题,但不确定具体的标题,于写作的过程中或结束后定题目,那你就定个大概的写作主题,然后在写作开始后慢慢寻找恰当的题目。我个人的习惯是,写东西时随心所欲,不喜欢受条条框框的约束,所以我在写作开始前既不确定主题,也不确定题目。一般的情况是,我觉得这个故事或者现象有意思,值得去写,就会马上开始写。在写的过程中,我不知道会写到哪个方向去,也不明白能写出什么道道来。往往是,故事写完了,才知道从哪个方向去反思,反思的过程中才明白自己写作的主题,然后在结束时才会找到一句话做题目。我的教育叙事,一般是靠最后一句话来揭示主题,所以我的文章题目,有很多就是文章的最后那句话。比如,《除非,你拐个弯》《毕竟,我们只是路过而已》等。所以，何时确定题目纯属个人习惯问题，就像是用右手拿筷子和左手拿筷子一样，没有好习惯与孬习惯之分，只要能够帮助我们吃到饭，就是好习惯。

一个好题目，就是一个优秀的广告语。那些能够让读者在最短的时间内知道文章要表达的主题是什么，还能给人留下深刻印象的题目才是好题目。写作之人，自然要试着给自己的"产品"打上个好广告，才不会辜负辛辛苦苦大半夜码出来的那些字。

在理性的思考中收尾

对于任何文章来说，结尾都是升华主题的"点睛"之处，教育叙事亦是如此。一篇教育叙事，无论故事写得多么精彩，反思多么到位，若没有一个精彩的结尾，便成不了一篇成功的教育叙事。接下来，我想就如何写好教育叙事的结尾，谈谈自己的感受。

选择恰当的收尾方式。教育叙事不同于一般的文学作品，从严格意义上来说，它是教师对某个教育故事进行研究后的成果展示，所以它的结尾具有发布"研究成果"的功能。因而要在结尾告诉读者，你最终有什么样的主张和建议。通常来说，教育叙事的结尾有两种方式：一是封闭式结尾，二是开放式结尾。

封闭式结尾就是在故事终了，给读者一个明确的回答，一个清晰的教育主张。我曾经写过一篇《有意义与有意思》，说的是儿子生日那天，儿子想马上吃生日蛋糕，而我则想给他留下一张照片，便阻止他吃，结果弄得儿子哇哇大哭。就这件事，我从自己的"追求意义"和儿子的"在乎意思"两个方面进行反思，最终得出了一个明确的主张："任何事情都有'度'，一旦'有意义'被过度关注之后，事情就会变得没有意思。而对于教育来说，一旦没有意思了，'有意义'也就无从谈起。"这样的结尾,就属于封闭式的,具有确定性的教育思考。开放式结尾就是在文章末了不给出明确的解答,或者只给出部分解答,引发读者的联想和自我反思。这样的结尾,往往只有在无法获得结论,或者结论很难概括全面时才会使用。我的一篇文章《谁在杯子上加了一个盖儿》,最后的结尾是两个问句:"其实我想问的是,这一切都是谁造成的?又是谁在杯子上加了一个盖儿?"接连反问,虽未直接道出自己的见解,却可以引导读者获得无数个迥异的答案,这也是一种巧妙的收笔。

收笔要出乎常人意料。俗话说,编筐织篓,重在收口。可以说,一篇教育叙事的质量,就是由最后收笔水平的高低来决定的。教育叙事在收笔时,一般要用顺理成章的神来之笔,抖出一个谁也料想不到的见解,具体的标准有两个,即:说出"人所欲知而不能言者",达到"不循常人思路,出乎常人意料"的境界。这就要求我们做到以下几点:一是反思要深刻,只有这样才有可能获得寻常人想不到的结论;二是视角要独特,横看成岭侧成峰,同一件事情站在不同的位置去看,就会看到不同的风景,独特的视角看到的风景也一定是独特的。

怎样写出与别人不一样的结尾?这是我最常被别人问到的一个问题。前面的文字虽然在理论上算是一种回答,却不是最有效的方法。那么最有效的方法是什么?坦白地回答,没有。好文章不是教出来的,最优秀的游泳健将肯定不是靠背诵游泳技能背出来的,只有下水,才会游泳,只有经常游泳,才有可能成为游泳高手。如果非要回答一个方法的话,那就是多读、多思、多写、多悟、多观察。多读一些别人的优秀文章,多写一些自己喜欢的教育叙事。写的多了,思考的多了,看待问题的角度自然也就不一样了。

学会用别人的嘴巴说话。有的时候,故事写完了,反思却不好进行,更无法获得理想的教育主张。有一些意思想表达,却又感到无能为力,自己的语言严重匮乏,根本表述不了自己内心的想法。从一些老师的求助情况来看，很多人写作就是卡在了这个地方。这时候，应该怎么办？

我也经常会遇到类似的问题，每到这个时候，我都会选择请别人来替我说话。请谁？名人大家的经典语录，流传甚广的经典故事，这些都可以帮助我们点明主题、升华主张。我曾经写过一篇《没有你想得那么复杂》，在写完一个年轻班主任过分紧张于学生的一举一动的故事后，却怎么也找不到很准确的反思路径。这时候，我记起了一个"请喝可乐"的故事，便把它引入我的文章中，让这个小故事帮我讲完了我想讲的故事。一位年轻老师曾经让我帮忙看一篇文章，写的是自己外出借班参加讲课比赛，不忍让一个"笨蛋"学生伤心而坚持让她参加了讲课比赛，课堂上，这个学生为他带来了不小的麻烦，讲课进行得并不顺利，但他毫不后悔。文章的结尾原本很普通，却因为加了狄金森的一句诗而点亮了主题，那句诗是：假如我能使一颗心免于哀伤。当然，这些故事和名句的信手拈来，得益于我们的读书——阅读一定是可以促进我们的写作的。

其实，写作本无法，条条框框多了反而会束缚自己的手脚，成为一种羁绊。我讲这些的目的，是希望老师们掌握一些叙事写作的基本原理，了解一些带有规律性的东西。倘若能够帮你少走些弯路，那就是最值得欣喜的事情了。

附：

除非，你拐个弯

临近考试，我想用实物投影仪给学生展示单元试卷的标准答案，却怎么也找不到多媒体展台的钥匙。

问学生，学生齐答："好几天没有见到钥匙了，班主任已经调查过，就是找不到。"

钥匙是不会自己跑的,一定有人给挪了个地方。

"那真遗憾,答案只能手写了,费时费力的。"我做出很无奈、很痛苦的样子。

教室里掠过一点淡淡的同情。"就是呀,要是有钥匙就好了。"很多人这样说。

"唉!"随后是一阵叹息。

我用余光瞄了瞄早就"心仪"的小家伙。果然,有丝压抑不住的幸灾乐祸浮在他脸上。

"津伯,老师请你帮个忙好吗?"

"干吗?我又没见钥匙。"

"不是找钥匙。是请你帮老师把答案抄在黑板上。"

"我写字不好,你找别人吧。"

"别人都不如你写得好,答案也不多,才四五张纸,抓紧写的话也就一节课的时间,要是写不完下节课接着写,帮帮忙!"软话里透着一股强硬,意思是你别无选择。

"那——我想想哈。我还是给你找钥匙吧,或许能找到。"

四下瞅了瞅,"老师你看,钥匙不是在那里吗?"

那瞅里,都有点装腔作势。

顺着手指的方向,我看到钥匙静静躺在高高挂在黑板上方的音箱上。

可以肯定,钥匙自己一定跑不到那里。但,只能笑笑。

"谢谢你,帮我取下来吧!"

桌子、凳子摞在一起,他身手敏捷,看起来很熟练,将钥匙顺利拿下来。

"挺熟练的呀!"

"是!哦,不是!"

他笑，我也笑。只不过他挠着头，我没有。

既然把钥匙藏在一个无人知道的地方，就有他感觉很充足的理由；既然好几天都不愿意说出来，就不会在我的课堂上拿出来。

除非，你拐个弯。

教育写作的基本姿态

教育写作不同于作家的文学创作,它的最终目的是改变教师的教育实践,并促进教师的专业化发展。从这个意义上来说,教育写作属于专业写作,应该多一点专业味道。

教育写作需要技巧

教育写作比起文学性写作来,有自己独特的地方。从根本上来讲,教育写作是为了反思、提升、研究教育实践,是一个把教育实践模型化、理性化的过程,是一种教育研究。既然是研究,就不可避免地要有一些研究的策略和程序,就需要一定的研究技术。比如,对于一个已经发生了的事件,我们应该如何去记录它,如何去反思它,又如何提出自己的教育主张,从而实现这个"事件"价值的最大化,就具有一定的规律在里面。从这个意义上来说,教师的教育写作是需要引导的,就像做教育科研一样,教师需要具备基本的研究能力。

从另一个角度来说,掌握了教育写作的艺术,就是掌握了教育研究的基本思路,就具备了获得问题、分析问题、解决问题的能力。我在以前的文章中,曾经说过"锤子与钉子的关系"。那是一句古老的箴言,

"手里拿着锤子,看什么都像是钉子。"当时,我把教育写作比喻成箴言里所说的"锤子",这把锤子让我无论看怎样烦琐的教育难题,都觉得像是教育叙事写作的素材。今天在叙事者群里,有一位朋友又提到了这个问题,认为这种关系很难理解。在这里,我想表达的是,如果我们掌握了教育写作的技术,就具备了教育思考的能力,也就有了对教育生活的高度敏感。那么,同样一件事情,在没有写作习惯的人看来毫无价值;而对于具备高度教育写作敏感的教师来说,则是一个极妙的写作素材,是一次极佳的反思机会。这样一说,教育写作习惯和技能是教师心里的"一把锤子"是不是就很容易理解了?有了它,老师可以随时挖掘教育里的那些钉子,并把这些钉子作为个人成长的垫脚石。

我认为,教师的教育写作需要掌握一定的技巧。这样的技巧,应该在不断发现问题、思考问题和解决问题的过程中习得。换句话说,教育写作的最终目标就是让教师获得这样一种基于写作的反思能力,并因反思而获得教育经验的叠加,以及教育实践的优化。

最初,我想的是用自己的经验告诉大家,怎么去写作。但是,写作肯定不是一件一蹴而就的事情,即使把教育写作的"秘密"全部告诉每位老师,也并不意味着每位老师就都能写出好的文章来。毕竟,写作是一件实践性很强的艺术,需要一个阶段的自我寻找。所以,我还是坚持了自己固有的一个想法:教育写作最大的技巧就是写下去,不断地写下去。从胡乱写起,到慢慢有了感悟,及至有了思考上的困顿,那时候,才是学习写作的最佳时机。就像学游泳,不下水只是学习技巧,又如何能够学会游泳呢?

教师写作也是如此,写下去是最重要的一项技巧。

无非就是用心而已

前几年,经常会有老师把自己写的文章发过来,让我帮忙"看看"。如果时间允许,我就会看,并给出一些建议。倘若发现一些值得修改的文章,我也会动手改一改,再返给作者。这样的事做了很多,大多数的文章经过修改后也得以在纸媒上发表。但据我观察,很多作者在发表了被修改的文章后,再也不见有好作品出现。我开始明白,我的修改只是改了一篇文章而已,并没有改变作者什么。于是,我便轻易不再给人改文稿。但是,也有一些例外。

有一位年轻教师,接连发给我五篇文章,其中有一篇叙事所写的故事比较有价值。对于好的故事,我有一种不好好挖掘就是浪费的心理,便一口气把这个故事给改了个七零八落。在回复他时,还很"谦虚"地表示只改了一点点。没想到,时隔一天,这个年轻人给我发来一个文件。我打开一看,上面列举了 51 个条目,每个条目对应一处我的修改。每个条目都详细记录了原文是怎样的,修改后是怎样的,以及他的再次修改的原因,并有或长或短的感悟。再后来,我就经常在各种报刊上读到他的文章,并且一篇比一篇好。

有不少年轻人,写了一篇文章后,便会四处找人打磨,千方百计获得他人的指点。但往往,他们需要的只是针对那篇文章的"斧正",目标也只是让某篇文章获得发表的机会。这样的指点,无论文章发表与否,其意义都是零。那些能够走得比较远的年轻人,大都是可以把"对一篇文章的修改"看成是"对整个教育写作的指点"的人,所以他们愿意花大力气认真去揣摩、回味,从中吸收到的营养自然也就多。

我与张志刚校长在 QQ 上也聊写作的话题。张校长把直接修改一篇文章的做法称为"手把手指导",并一再说现在得到这种"手把手"指导的机会太少了,没有人会舍得花力气去替别人修改一篇文章。他说,只要愿意成长,即使没有人手把手指导,也有办法"取得真经"。接着,他讲了自己的一个做法:有一次,他读了我的《现实体制下,教育能否有一块柔软地带》,感觉写得不错,正是他希望的写作方式。于是,他便把这篇文章默写了一遍,然后对比原文与自己的默写内容,找出其中的相同与不同的写作细节,收获很大。

倘若张校长不说,我怎么也不会想到还会有这样一种揣摩文章的方法。读到这儿,可能会有人想,这或许就是张校长的文章如此精致的原因吧!如果你这么想,那就大错特错了。《中国教师报》的宋鸽老师很欣赏张校长的文章,我个人也特别偏爱,他的文章给我的感觉是,细腻传神,特别有嚼头。这份嚼头,绝对不是源于对某一篇文章的细腻模仿,更不是写作技巧上的灵光一现,而是来自他那份喜欢揣摩的劲头。正是因为他会对一篇喜欢的文章如此费心血揣摩,才会有了他对自己的每一个故事的细心揣摩。也正因此,学校里发生的每一个小故事,在他的心里都被揣摩成了学校管理。以我的理解,他提出"把学校交给故事"的理念,恰恰说明,他从小故事揣摩出了大教育。

有时候,我会跟朋友去蹭商界的一些培训,培训师一般都是以故事的形式来讲道理,其中一个故事,对我的触动很大。

日本东京贸易公司有一位专门为客户订票的小姐,经常给德国一家公司的商务经理预订往返于东京与大阪之间的火车票,不久这位经理发现一件看似非常巧合的事情:每次去大阪时,他的座位总是靠列车的右边窗口,而返回东京时,又总是靠左边的窗口。有一次,这位经理把这件事告诉了订票的小姐。这位小姐跟他说:我们日本的富士山景色秀美、风光迷人,很多外国客人都喜欢。火车去大阪时,富士山在您的右边,返回东京时它在您的左边。所以,每次我都会替您买不同位次的车票。

这位德国客户听了非常感动，当即把与日本这家公司的贸易额由原来的400万提高到了1000万。一张小小的车票居然价值600万，这不能不说是用心工作取得的意想不到的结果。

我也在想，那些在写作道路上走得比较远的年轻人，还有正在为老师不间断写故事的张校长，他们写好文章的原因，也无非就是用心而已。

教育写作需要的五种能力

寻找和发现的能力。教育写作离不开大量鲜活的素材，这些素材要靠平时点滴的积累，这就要求教师具有寻找和发现的能力。一是要有一双慧眼，学会"戴着教育的眼镜"看世界，做个教育的有心人，能从日常纷繁的教育现象和事件中发现值得我们研究和分析的案例，从平淡中发现精彩，找到蕴含丰富意义和价值的写作素材。二是要有一颗敏感的心，不断培养自己对教育的敏感性，提高自己教育研究的观察力、理解力和判断力，时时处处留意身边的问题，关注身边的事情，在别人习以为常的地方发现教育的价值。三是要有一双勤于练笔的手，坚持写作和记录，通过写教育日记的方式记录下自己生活中发生的点滴感受，产生的问题，与同事的讨论甚至是身边同事对某一教育现象的抱怨，还要时常翻看报刊时政新闻，时刻关注专业期刊的教育动态，并随手记下自己的心得感悟。

唤醒和改变的能力。对教师来说，素材的积累只是一个基础，要真正开展研究，还需要让经验和问题进行"发酵"，并结合有关的教育教学理论进行提炼，深入理解该故事中蕴含的教育价值。教师在写教育故事的过程中要学会倾听自己内心深处的声音，学会站在不同的角度来反思和挖掘自我，表达自己的思想，在叙述和发现中主动发掘和提升自我，让自己走出庸常的状态，成为自主的发现者和创造者，达到唤醒和改变自己的最终目的。

思考和行动的能力。教师叙述、解释自己教育生活的前提，是他对自己的教育教学生活有思考和行动。为了更好地积累素材，教师需要积极对日常教育实践进行变革，不断尝试用新的行动去完成教育的过程。在探索和变革中，你会经历常规教学中所不曾经历的故事，而这些在变革中发生的故事，往往更具有研究的价值。反之，很多教师之所以无法讲述自己的教育故事，主要是因为没有用心思考的习惯，没有学习和改进的动力，所以其教育生活永远是"平平淡淡、一如既往、习以为常"。只有当教师创造了自己的教育实践，他才可能创造出自己的教育故事。

对话和构建的能力。一篇出色的文章总是悄悄地把教育道理隐藏在教育冲突和教育矛盾中。教育叙事不仅是描述一个现象，讲述一个故事，它还要求教师把对事件的考察、描述与一定的教育教学理论联系起来，从理性的角度来审视教育事件。写好教育叙事，需要基于理论视角，只有这样，在叙事的过程中，才知道如何组织事件，才知道事件组织起来后能表达什么样的理论主题。如果仅用事实说话，缺乏对感受的反思，那么即使你总结了自己的经验，这"经验"也会显得单薄、缺乏深度。这就需要教师具有让"常识"与"专业知识"对话的能力，还要具有构建自己的"文化工具箱"（布鲁纳）的能力。只有这样，教师才能发现有价值的叙事题材，并通过对有意义的教育事件的描述和分析，揭示内隐于日常事件、生活和行为背后的意义和观念，从自己的故事中"解读"出内在的理论"意义"，使人们从故事中体验、思考和理解教育的真谛与价值。

描写和揭示的能力。教育论文的基本形式是用"论证"的方式"讲道理"，教育叙事的基本形式是用"描写"的方式"讲故事"。教育叙事是否成功在很大程度上取决于讲故事的人是否具有了深度描写和深刻揭示的能力。在叙述时,教师要把自己当作一个作家或者画家,充分关注故事所发生的特定背景,要对当时的情境做细致描述和分析,对于那些能引起教师共鸣、难于调控、意蕴深刻、值得反思的细节,要尤为注意并尽量具体地描述出来。只有这样,才能使反思和阐释拥有扎实的"根据地"。同时,教师还要把自己对这件事情的理解表达出来,也就是要揭示出故事中深藏的教育意义。

教育写作应该多点专业味

对于青年教师,我有两个写作建议。

建议一:写文章必须从"写文章"开始

在翻看老师们的成长作业时,我发现有的文章只是简单抒情、散记,读起来给人以"信马由缰、婆婆妈妈"的感觉,读完以后并不知道作者想说明什么事情,表达什么样的情感。我试着与其中几个老师交流,他们大都说自己只是在记录心情,没有想过什么构思和建构之类的事情。我经常听到一些老师抱怨,自己写了多年的文字,坚持了多久的持续记录,但是文字水平并无见长,思考的深度和宽度也无变化。由此,有的老师得出"写作需要天分"之类的观点,认为写作不是"练"出来的。其实,这是一个错误观念,一个人长期写作却没有提高,大多因为对自己的要求过低。

《易经》中有这么一句话,"取法乎上,仅得其中;取法乎中,仅得其下。"意思是说,一个人制定了高目标,最后有可能只达到中等水平;制定了一个中等的目标,最后有可能只能达到低等水平。这句话告诉我们,无论是治学还是立事,一定要志存高远,并为之努力奋斗,才有可能登峰造极。对于写作来说也是这样,若你从起步时就"取法乎中",其收效肯定就很微小；若是"取法乎下"的话，你就有可能没有长进。所以，若想提升自己的写作水平，并通过写作提高自己的反思意识与能力，就需要在每一次下笔时，都以写文章的标准来要求自己，尽量减少随意的、漫无目的的写作。至少，你要在文章中说明你的一个观点、一点思考和一种主张。换句话说，只有按照文章的样子去写，你才可能写出好文章。

建议二：写文章必须要学会"拾级而上"

很多老师初期的写作，大多是碎片式的问题化写作。也就是说，还处在遇到什么写什么的层次，很少会把写作与自己的实践和思考结合起来。就这一点，我想给一些老师，特别是文字基础和写作能力都已经达到一定水准的老师一个建议：写文章要学会拾级而上。我在很多讲座中都提到过，教育写作的层次可以分为三级：一是问题性写作，这属于写作的初级阶段，我们大多数老师的写作都属于这一层级；二是主题性写作，是指在经历了较长时间的问题化写作，具备了一定的写作和思考能力以后，就某一教育现象进行的持续、深度写作；三是研究性写作，这是教育写作的最终目标，写作者通过写作、研究，形成自己的教育理念和思想，完成从"师"到"家"的转变。

老师可根据实际情况选择适合自己的写作方式。如果你的写作基础还处于就事论事的水平，那么你可以坚持问题性写作。但是，需要注意的是，必须与教育实践结合起来。通过问题化写作进行反思和总结。如果你的写作能力比较高，在平时的工作中也有记录的习惯，建议你走专题化写作的路子，就你前期思考最多的某一教育领域进行纵深写作。这样一来，你的写作意义和总结价值就会产生质的飞跃。比如，这个学期你遇到了某个特别典型的问题学生，建议你对这个学生进行专题化写作；如果你对问题学生这个领域整体思考比较多，你可以就这个群体的转化策略进行主题性写作。当然，你也可以读写结合，就正在读的某本专著进行持续性的阅读反思写作。

　　教师写作不同于作家的文学创作，它的最终目的是改变教师的教育实践，并促进教师的专业化发展。从这个意义上来说，教师写作属于专业写作，应该多一点专业味。

第三章

专题性写作：
修炼教师的教育情怀

专题性写作是指教师就某一个教育话题或教育元素，进行持续的、系统的聚焦式写作。这种聚焦于一点的持续写作，能够让教师对教育问题有更深刻、更清晰的理解，从而在模糊与混沌中找到一条明晰的解决路径。也就在这样细致的研究中，教师的教育胸襟才有可能被文字一点点敞开，并慢慢变得开阔。

针对一个人的叙事写作

那年,我到一所学校支教,担任八(1)班的第四任班主任。一年里,我遇到了很多机灵古怪的学生,他就是其中之一。一年里,我为他写了72篇文章,开始了针对一个人的专题写作。现摘取其中几篇,告诉你改变一个孩子有多么缓慢。

也许只能装糊涂了

支教第一个月,我便换了三次班级,先是教七(5)班和七(6)班的历史课,后换成八(5)班的数学课。今天,我再次接到学校的通知,让我改教八(1)班的数学课,并担任班主任。

把我安排为这个班级班主任的原因很简单:这个班级很特殊!我已经是他们一年多一点时间里的第四任班主任。

第一节课,我讲的是"对称轴的作法"。在问到"能不能找到两个点到一条线段两端点的距离相等?"这个问题时,班里的学生近乎惯性地喊:"能!"

"不能!"教室最后一排的右边角落里,冒出了一个别样的回答,声高且拖着长音,隐约透着一丝怪怪的味道。全班同学瞬间扭头,目光集中在一个正趴在桌子上的男生身上，有几个学生在窃窃地笑，用余光瞟着我，似乎在期待某个场景的发生。

"那好，你可以告诉我为什么不能吗？"我的追问平静而友好，充满着虔诚的期待。我知道他们在期待什么，无非是一场狂风暴雨般的批评，最好再出现这个男生反抗的局面。师生之间这种尖锐的对抗有时候是这些"看客"们最期待的东西，至少比听课要有意思得多。我才不傻，绝不能给他们看"戏"的机会。

"啊？！为什么不能？这……"他本已斜斜地抬起了头，做好了迎接"战斗"的准备，我突然的提问和期待的目光令他猝不及防。

"勇于说出自己的观点，特别是与众不同的观点，这本身就值得钦佩，相信你一定有自己的理由和解释，请你站起来大声告诉大家好吗？"看着他歪歪扭扭的坐姿，我希望他学会站着回答问题。

"你看，黑板那么大，上面有那么多点，要找到那两个点岂不是大海捞针吗？"终于，他说出了自己的"理由"，虽然有些牵强，明显是在搪塞，但这毕竟是他给出的理由。

"哦！很好，这说明你认真思考了，只是还没有找到解决问题的方法，坐下咱们一起来找这两个点好吗？"我向他做出了一个请坐的手势，他像解放了一般，长舒了一口气坐在了座位上，而且这一次没有趴在桌上睡觉。

讲解的过程中，他听得一直很认真，始终没有再趴下。这一节课，很顺利，很完整，也许是一个好的开端，毕竟这是我接班的第一节课呀！

午休时间，与几位不回家吃饭的学生聊天，一个学生问我："老师，你难道看不出来他是在扰乱课堂吗？以前他经常这样，每次都会被老师狠狠熊一顿，然后他就会跟老师顶起来，一顶就是一节课。"

"我们以前的数学老师就是被他气得不教我们了。"另一个学生补充说。

"我倒觉得他是在回答问题，你们不觉得吗？"我笑笑说。

"老师是在装糊涂呢！这你们都看不出来。老师要是也狠批他一顿，咱这节课不就上不成了。"另一个女生拿出嘴里的棒棒糖，见缝插针地做了一番高论。

呵呵，这些孩子，装糊涂也被他们看出来了呀！

我就是这么实诚的人

提前几分钟到教室门前等候上课，是学校的要求，也是我个人的习惯。

走出办公室就可以看见教室，蜂拥在教室外走廊里的学生也可以看见我。"老师来了！"仅这一嗓子，比上课铃声还要有效，本来正在玩耍、打闹的学生一窝蜂地挤进教室，走廊里瞬间安静下来。

他就那么没头没脑、慌里慌张地直奔我而来，咚咚的脚步声在走廊里响得很急促。差那么一丁点儿，他就会撞在我的身上。似乎是有了某种感应，他来了个"急刹车"，猛然抬起头，喊了一声"老师"，转身就要往教室里跑。

"停下！"我在身后喊住他。

"我，我……"他磕磕巴巴地想说什么，却什么也说不出来。

"跑这么忙是不是要去厕所？"我试探着问。

"是，不过我能憋住，不去了。"他的脸变得通红，像是做错了什么事。

"为什么不去？还有比上厕所更重要的事吗？快去快回，我等着你。"我摸了一下他的脑袋，冲着厕所的方向一指。

"好！"话音刚落，人已不见了踪影。

他是踏着上课铃声进教室的，我是等他在座位上坐下后上的课。他冲我笑笑，我对他点了点头。这一节课，他举了四次手回答问题，答错四次，但是我很高兴。开学近一个月了，我从未见他举过手，上课似乎与他无关，除了发呆，就是低头默坐。我表扬他积极回答问题，他的脸更红了，但很兴奋。

下午放学的时候，我正组织鼓号队的学生在操场上练习，他跑到我的身边似乎有话要说。

"已经放学了，怎么还不回家？"趁着学生练习的空当，我问他。

"老师，你不怀疑我是专门跑到厕所逃课的吗？"他反问。

"怎么会呢？你不是那样的人！"我拍拍他的肩膀继续说，"我可是火眼金睛，一般人的谎话逃不过我的法眼。"

"唉！你真是太容易相信人了，我都不好意思骗你了。说实话，我以前经常在上课前跑去厕所，目的就是躲一会儿课。以前的老师才是火眼金睛，一准儿把我给堵回去，弄不好还要罚站。可这次，我倒是觉得不能欺负老实人，所以才按时回到教室。"他"教育"了我一通，临走的时候又补了一句："你真是太实诚了！"

"你看，你不也是个实诚人吗？把心里的话都给我说了。"我笑了笑，没再说话——我何尝不知道他是在逃课，只不过是装糊涂罢了！

我知道，走进这样一个学生的心里很难。不知道，这样的"实诚"会不会是第一步，会不会是教育的开始。

关于"三不"联盟

接班第三天，正好遇上月考。

下午阅完试卷，学校把各科试卷发到办公室，要求班主任统计好学生成绩后再交到教务处。班里几个学生跑到办公室查看成绩。"考得真不好，全班及格的没有几个，最高分才 79 分。"从他们叽叽喳喳的议论中隐约可以听出来，这个成绩比兄弟班级差很多。学生们最在意分数，不光是自己的，还有班级的，或许他们早已侦察到别的班级的详细成绩，做过对比，因为明显的失落写在他们的脸上。

我把这些学生请了出去，然后安排一个女生把他请来。

"老师，请我来有啥事？"他如约而至，一如既往地笑嘻嘻。

"我想请你把咱们班的成绩统计出来，交到教务处去。"我很正式地请求他。

"你自己为啥不统计？这是你的活儿呀，怎么能麻烦我？"他一脸坏笑。

"我不是懒，只是不想知道每个同学的本次成绩。我希望所有同学在我的记忆里都是一样的，更希望自己不会因为成绩的高低而对哪一个学生有先入为主的印象。我想给每一个人一次重新开始的机会。"我依然很正式地对他说。

"哦！你的意思是要把我们这些坏人洗白了？"这次他没笑，只是把脑袋伸向我这边，好奇心暴露无遗。

"你觉得呢？"我反问，不再说话。他拿起笔，开始统计分数，嘴里还不忘嘟嘟哝哝："这办法好，都清零了，都从头开始。"

不到十分钟，他忽然神秘地问我："我能不能做污点证人？"

"什么意思？"我问。

"就是我把班里的情况统统告诉你，好让你心中有数，把咱这个班治理好。我看出来了，你跟其他班主任不一样，肯定能让这个班起死回生。看好你哦！"这家伙，总一副没正形的样子。

于是，我们开始聊天。从他的嘴里我知道了班里有个"三不"联盟，意思就是"不听课、不交作业、不做值日"的学生联盟。这个联盟人数还不少，有十几个的样子，几乎占到班级人数的三分之一。

其实，这几天我一直在关注班里的一些现象：

不听课的人多。我这里所说的不听课的人，是指连装样子都不装的那些学生。大多数不愿意听课的学生，还是要做个样子的，即使眼珠一动不动，眼望的方向也还是黑板，偶尔还会哼哼哈哈地附和几声。但是这个班级却有上课就睡、一觉到下课的主儿，要不就是前打后闹，弄得四邻不得安生。

不交作业的人多。在我的印象里，学生交课堂作业是再正常不过的事情了，从没有听说过长期不交课堂作业的现象。但是这几天的摸底发现，十几个同学从来就没有交过各科的课堂作业，有两个同学竟然连作业本都丢了，至于家庭作业，不做、不交的就更多了。

不做值日的人多。值日生的分工明确，每一个值日任务由两三个学生共同完成。而这就给一部分"懒汉"提供了便利，反正有干的，自己就尽可能偷懒。结果就是"鞭打快牛"，能干的干得越来越多，不想干的干得越来越少，以致出现了长期不值日的一伙人。

我相信，这些人一定有不交作业、不听课、不值日的"第一次"，我也相信，他们的这些"第一次"一定受到过老师的制止，老师也一定为此进行过艰苦卓绝的斗争，只不过最终没有"PK"过这些执着的自暴自弃者。慢慢地，不交、不听、不做就成了这些学生的生活常态，老师也就默认了这个群体的存在。这其实可以算得上是初中教育，特别是生源较差的学校，最令教师头疼的事情。而办法也只有一个，那就是不放过"第一次"，不出现第二次。

不过，我倒还真不知道有个"三不"联盟。原来是团队"作案"，怪不得一个个班主任都落荒而逃呢？

他就是领头羊

午休时间，我便开始着手清理"不交作业专业户"。根据各科课代表报上来的名单一一确认，最终有三个学生在我昨天强调过作业问题后，仍然没有交作业。其中一个经过一番做工作，答应马上补写作业，并保证以后按时交作业；另一个干脆连作业本也找不到了，上了一年多初中还不知道交作业是怎么回事，但是信誓旦旦地说下午一准把作业本买来，并补上今天的作业；第三个根本就没在教室，学生说或许还在外面闲逛。

走出教室，迎面碰见他，他就是"第三个"。于是，我便问为什么没有交作业。他的回答令我哭笑不得，他说，因为从来不写作业，所以就不交作业。再问他为什么不写作业，他的回答更有意思，因为不用交，所以不用写。

从现在开始，不但要写作业，还要按时交作业，每个人都一样，不存在特例。说完这些话，我跟着他回到教室，盯着他开始写物理作业。字很漂亮，隽秀还颇有些力度，我夸了他的字，鼓励他坚持完成作业。

他笑笑说，老师你放心，用不了几次你就没心思看着我写作业了，早晚你先不耐烦了，我也就不用写作业了。说完后，狡黠一笑，又补充说，以前的老师也看过我写作业，最多不超过三次，也就不会再管我了。

听他说的很有道理，我便问他的第一次破例是从哪件事开始的。他说，其实他的第一次破例是迟到。偶然的一次迟到，竟然没有人管，再后来一次，老师只是简单地问了一下原因，第三次时开始罚站，后来罚站成了习惯，迟到也成了习惯，结果再迟到的时候，老师就不屑管了。既然来晚了不会有人管，也就不想写作业了，几次之后也没人催交作业了，于是作业也破例。再后来，上课睡觉，上课打闹，不值日……

慢慢地，他自己都觉得自己和其他同学是不一样的了。其他同学做的，他可以不做；其他同学不敢做的，他做得心安理得。

他说，他就这样成了另类。说完，又问我，你知道什么是另类吗？

我一时无语。什么是另类？那些坐在教室四个角落或者讲桌两侧特殊座位的学生是不是另类？那些不交作业、不做操、不听课、不打扫卫生却无人过问的学生是不是另类？那些我们教师已经放弃，学生也自甘毁灭的学生算不算另类？

我说，我不知道，但是我记得昨天你说过，"三不"联盟不是个好联盟，应该取缔。

其实，我不仅不知道什么是另类，也不知道是谁让他们成了另类。但我知道，轻易地放弃一个人，把一个学生打入"冷宫"、当成另类，其实是教育对生命的不负责任。

我还知道，他其实就是"三不"联盟的灵魂人物，改变了他，就改变了整个班级。

教室里的"洪水"

今天早晨，我们班的教室里进水了。不知道水是从哪里来的，只知道水很大，漫过了三楼的走廊，流进了教室。

我到教室门口的时候，一群人正在往外处理积水：有的用拖把向外推，有的用"土笸斗"往外舀，有的用扫把向外扫……各种工具被变换了功能，创造性地为"抗洪"做着贡献。而他们，这些一声不吭埋头干活的学生，鞋子湿了，裤脚湿了，脸冻红了，手泡"囊"了……全然没有平时的那种顽皮与打闹，一丝不苟、认认真真地忙活着。没有老师在场，没有班干部安排，他们就那么自发地站了出来，拍着胸脯，带着豪迈，蹚过了水，走进了"抗洪"的战场。

这里面，就有他。此时的他，裤子已经湿到了大腿根。

至今我不知道是谁第一个站了出来，因为每问一个人，他们都会说，没看清，只忙着往外舀水了，没顾得上仔细看；至今我也没有搞清楚到底有多少人站了出来，反正很多，因为我每统计一次，都会有人增加进来。

我只能从别人的描述中，陆陆续续找到了一些人：班长赵鑫说，他进门的时候就看见吴恩宇正在往外舀水；其他人又看见了宋翔远、芦勇、赵超、赵冰冰、李祥永、刘国振、明鑫、尹鹏、张继国……还有两位女将高金丹和唐梦楠。

也许，这里提到的名字会有疏漏，但这并不是最重要的，因为他们在做这些的时候，不会想到荣誉，更没有想得到表扬。对于他们来说，只要是应该做的事，他们就会认真去做。

其实，当我看到吴恩宇、芦勇、张继国他们的那股认真劲，赵冰冰那双湿透了的鞋子，李祥永忙前忙后而无暇捡起自己被水泡透了的那三本书时，我真的很感动，他们竟在那个瞬间长大了，懂事了；当我看到宋翔远、赵超、刘国振、明鑫、尹鹏、高金丹忙碌的身影，赵鑫一遍遍认真清理死角里的垃圾，唐梦楠累得涨红了脸时，我真的很欣慰，他们真的负起了责任，并且，义无反顾。

真正打动我的，除了他们的付出，还有他们的自觉。整个劳动场面，安安静静，每个人都在自觉地做着自己的事情，没有追逐打闹，没有嬉戏玩耍……就连教室里，那些认真上晨读的同学也格外认真，比平时更值得称赞。

问他们为什么会在这么冷的天有下水的决心，他们的回答不尽相同，但意思基本一样，那就是：这是应该的，八（1）班的每一个人都会这么做，只不过没有那么多工具，不需要那么多人。诚如李祥永所说，就觉得得把这些水赶快弄干净，要不然很多同学的鞋子都会被弄湿。

原来，每一个人的内心里都有着担当的勇气，在需要的时候，就会倾泻而出，一如今天这个动人的场面，平凡而震撼。

终见亮光

早晨，进教室的时候，班长正在那里发愁。

这一周轮到我们班打扫厕所，男生倒是好安排，可是女生都有点不大情愿，因为那个活有点脏。打扫厕所对于在家不干活又特爱干净的"美女"们来说，实在是有点为难。说实话，我也理解她们，毕竟是女孩子呀！但厕所是必须要打扫的，女厕所还就得女生去。

怎么办？

卫生委员安排了一遍，班长又跟上去"指示"，没有结果。

班长有点愁，站在门口直挠头。看见我来了，班长说："老师，女厕所没有人愿意去打扫。"

前三个星期，进行的都是常规的卫生值日，说句实话，我真不知道还有打扫厕所这个劳动任务。

我也有点愁，这事又不好强制安排。

"老师，找个女生把里面的人清出来，然后把住门，我们去打扫吧！"他已经站了起来，指了指身边的另外两个人，很正式地说。（这是我第一次见他这么正式地说话。）

这家伙，有时候也真让我刮目相看。

第三节课课间，他开始忙活着整理讲台。

讲台也就是多媒体展台，上面有两块厚厚的胶皮垫子，很容易脏，也很容易乱。

这一次被他整理得很干净，连粉笔盒、黑板擦都放得规规矩矩。不简单，一个看似不大守规矩的家伙竟然把讲桌整理得如此规矩。

看来，他也是可以守规矩的，至少他知道什么是规矩。

小小地表扬了他一下，他很恣。中午午休时间，他又不守规矩了，所以被训了一顿,狠狠地,他又开始很不恣。

真是冰火两重天呀,往好处想,这叫奖罚分明。

有点后悔,是不是对他稍微凶了点?说实话,我还是很喜欢这个家伙的,属于顽皮的那种,骨子里是个好孩子。

放学的时候,我有意留到最后,直到他和伙伴们打完篮球回家时,我才紧赶几步,制造了一场"偶遇"。边走边聊,我夸了他一天的表现。他很不客气地说:"别看咱不学习,但是勤快,出力的活都想干。不干值日并不是懒,只是不想受别人管而已。以后有啥脏活累活,尽管找咱!"说完,还拍了拍本就单薄的胸脯。

哈哈!好,有值得夸奖的地方就好。似乎,我找到了一点点光亮,给他的,也是给我的。

教他们学会感动

昨天给学生布置了一个任务,写一写班里那些感人的人和事,可以写自己,也可以写别人。

班长把材料收上来后,我认真地读了一遍。有的同学写得很好,细腻而感人;有的同学写得比较简单,但也找到了感动自己的事情。只是,交上来的材料只有28份,还不到班级人数的一半,也就是说,还有人没完成任务。

与几个没交材料的同学聊了聊,他们的理由几乎都一样:天天上学、放学,平平淡淡地生活,真的没发现有什么可写的。

"运动会上,刘国振同学在鞋子被挤掉后赤脚跑完比赛的事你们听说了吗?"我把这件感动了班里很多同学的事拿来问他们。

"当然知道了,我们都是亲眼看到的。"

"还是我把他的鞋子给拿回来的呢!"有人叽叽喳喳地抢着说。

"班长赵鑫从运动会入场式彩排到组织运动会付出的努力多吗?"我又问了一件大家都目睹过的事情。

"多呀,他的嗓子都累哑了。"

"所以我们班的入场式展示获得了一等奖。"

"可是赵鑫却说功劳是大家的……"又是一阵叽叽喳喳。

"这些事都不感人吗?"我停止了微笑,盯着他们的眼睛问。

"感人!"他们纷纷低下头,回答的声音低了许多。

"其实,并不是生活中缺少感动,并不是没有人打动过我们,而是我们没有认真地去发现、感受生活里的美好,没有学会珍惜他人的关怀和关心,你们说对吗?"看到他们有所触动,我也放低声音对他们说。

他们不再说话,沉默中掺杂了少有的思考。

也许心存感激,才能让我们拾起生命里的那些美丽,从平淡中找到温暖,从枯燥中找到快乐,从琐碎中找到激情;也许不再忽略,才能让心灵在被感动的那一瞬间灿然绽放,才能找回那些轻轻的、淡淡的、纯真的笑靥,以及几乎擦身而过的真挚友情……也许生活就应该是这样一个过程,寻寻觅觅的过程。

于是,我让他们再写。因为有个期待,我还没有实现。

再交上来时,我终于找到了自己需要的东西,有好几个学生写到了他:他主动打扫厕所,他把讲桌擦得很干净,他经常帮助同学修自行车……最重要的是,有四个同学同时说,那天教室里的"抗洪行动"是他一手指挥的。他是第一个开始清理污水的,第一个组织大家统一行动的。

我把这些在班里读了,什么也没说。班里响起了掌声,他一边摆手示意安静,一边大声嚷嚷:"弄啥来,弄啥来,又不是多大的事!"

但看得出,他很高兴。后来,有好事者向我透露,这是他近三年来第一次被当众表扬。

也得有些惩戒

教育里不能都是和风暖阳，只有感动的教育不是教育。这话一点也不错。

下午的物理课，两个同学躲在厕所里逃课，其中一个就是他。被"抓"了现行后，我决定给他们必要的惩罚——在办公室里面壁思过。

"老师，我们错了，再也不敢了，让我们回去吧！"不到十分钟，两人互相递了个眼色，一起走到我的面前，一副痛心疾首的样子。

"不行，再反思！"没有商量的余地，我一口回绝。其实我心里很清楚，这样貌似深刻的认错并没有任何意义，对他们来说，不过是逃避惩罚的一个策略而已。就在今天中午，他们两个还因为迟到做过同样的承诺，距离此时不过两三个小时而已。

"老师我们错了，我们愿意请家长到学校。"又过了不到十分钟，两人再一次提出请求。看来面壁思过的滋味不好受，以至于自己都主动要求请家长到校了。对于很多学生来说，请家长是一件比较可怕的事情，也是很多老师管理学生的最后一招。但是，他们两个不同，他们的家长已经不知道被请来多少次了，家长烦了，也厌倦了，请他们的家长到校不会有什么好的作用，有时候还会有反作用。

"不行，犯错的是你们，又不是你们的家长，为什么请他们？"当学生犯了错的时候，我一向不大主张请家长到校。师生之间的事情，还是师生来解决好了。

"老师，这回我们真的知道错了，您就原谅我们吧。我们愿意把做的错事都写出来，您拿着当证据，我们要是再犯，您就使劲惩罚我们。"再次面壁不到十分钟，他们又一次转身回来。

"那好吧，认真写。"我看时间差不多了，他们也确实感受到了被惩罚的滋味，便递给他们纸和笔。

不一会儿，两个人就把"证据"交到我的手里，一个写了20条，一个写了30条。他写得很有意思，比如：1. 迟到（经常性的）；2. 不交作业（经常性的）；3. 骂人（一周四五次）；4. 上课睡觉（一天六七次）……

我知道，这样的"证据"同样没有什么作用，对于他们来说，写这样的东西也不是一次两次了。但毕竟，这一次是他们自己提出来的，还有最重要的一点，他们的字都写得很漂亮，出乎我的意料。

我夸了他们的字，是很真诚的那种称赞。他们有点窃喜。

再与他们聊天，聊他们从什么时候开始不想学习的，聊他们不想学习之前的那些快乐的日子，以及他们曾经有过的荣耀。聊他们的爱好，告诉他们要想在这些方面有大的发展，还需要付出努力和坚持。

走的时候，他们两个千恩万谢，搞得有点夸张。不知道这次惩罚对他们来说有多大的作用，或许能够有两三天的功效吧。从没有奢望能够在瞬间改变他们，那既不现实，也不可能。

其实，改变一个人很难，需要有点教育的艺术，也得有点惩戒。

他们想"自觉罚站"

第三节的地理课，有四个学生跑到教室的阳台"自觉罚站"。地理老师试图让他们回教室上课，他们竟然撒谎说是班主任让他们在那里罚站的。真是新鲜事，竟然还有人自愿要求罚站。

他又是其中之一，据说还是"首犯"。

把他们"请"到办公室，问"自觉罚站"的原因。最初他们用极易识破的谎言来遮盖，后来说了实话：不想上课，想到阳台上玩一会儿。

这四个人，算是"自觉放弃"学习的主儿，在他们的意识里，已经没有了学习的概念，上课蔫头耷脑、昏昏欲睡，下课生龙活虎、打打闹闹，作业从来不交，课本用一年仍然崭新。按照他们的话说，只要不待在教室，宁愿被罚站在外面。

他们是真正来履行义务的，替父母完成九年义务教育。

批评是必须的，并且很严厉。但这不是最终的目的，只能算是教育的开始。

下午接着处理这件事，先是四个人一起接受批评，然后同他们一个个单独谈话，语气自然缓和了很多，聊的话题也不再是错误本身。一直聊错误，其实是很没有意思的事情，教育的意义也不大。

我最想知道的是，他们是从什么时候开始完全放弃学习的？时间几乎一致，虽是单个交流，但是他们的回答基本差不多——七年级的下学期。再问原因，他们答道，几次考试之后，知道自己原来离优秀是那么远，再加上几次公开的成绩排序，家长会上父母也最终知道了他们的学习现状，倒数，既然不是秘密，那就可以坦然接受。没有了丝毫的顾忌，心倒开始放松起来：反正已经如此，反正大家都已经知道。

不学习了，自然不可能老老实实地傻坐一节课，闹点动静来解闷就成为他们每天要做的事情。

所以，教室乱了。

我觉得他们真的应该做点什么。

瑞典诗人托马斯·特朗斯特罗姆说："人总要相信些什么，才不会在度日时，跌入未知的黑洞里。"

借此来说，人总得做些什么，才不至于让生命一点点地因颓废而荒芜。

最后我给他们订了一个小小的目标，听课可以听不懂，但是必须听；作业可以不会做，但是必须做，找自己会做的、能做的去做，大不了做例题。

只要做，就比闲着好。这就是我最后给他们的八个字。

好事多错事少

下午第二节课，他到办公室来交作业。

"这不是上课时间吗，你怎么出来交作业？"我很好奇，一直没有写作业习惯的他怎么一下子主动来交作业了。在我接这个班之前，他是从来不交作业的，通过多次做工作，现在他勉强可以把作业完成，但仍需要多次催促才能够"逼"出来。这一次，他很主动，虽然出来交作业的时间明显不对。

"我帮忙打扫卫生来咪，回来一看作业还没交，就赶紧给您送过来了。"他并不理会我对他上课期间随便出入的不满意，自顾自地解释着晚交作业的原因，还一直强调"帮忙打扫卫生"这个理由。

"哦，是这样。那你出来时有没有告诉上课的老师，并征得他的同意？"我忽然想起来，在班级被水淹事件中，他主动清理积水表现很突出，受到了表扬。这次主动来交作业可能是因为刚刚被表扬，受到了激励后的一个好的开始。如果是这样，那么这个机会真的值得珍惜。

"说了，上课的老师也同意了，不信，您去问问。"他说得虽然很坚决，但难免带着惯有的不自信，似乎已经习惯了不被信任时的简单抗争——不信，您去问问。

"老师相信你，但是以后课上不要出来。这一次既然来了，咱就好好聊聊吧。"看看钟表，已经接近下课的时间，这时让他回去又要再次打断老师的上课思路，还不如借此机会聊聊天，或许能有意外的收获。

"你的字写得真漂亮，这次作业也做得很认真，要是天天保持下去该多好。"我翻了翻他的作业本，又提到他隽秀的字体。

"我的字一直写得很好，就是作业是抄的，我不会做，没办法，只好抄了。"一瞬之间，他在自豪与羞愧之间完成了一次转换。而在我看来，这都是值得肯定的。因为各种原因，他已经放弃学习很长时间，并养成了很多不太好的习惯。在此之前，让他抄作业他也懒得去抄，从这个角度来说，抄袭作业也是他的一个进步。更何况，他还那么认真地坦白了自己抄作业的问题。

"这个我理解，一下子把数学学会很难，慢慢来。我倒是想知道你现在还有几门课可以听得懂？"以前和他谈话的时候，他一直强调课上是因为听不懂课、无所事事才惹是生非的。

"语文、历史和思品可以听懂，地理和生物也还行，数学、英语和物理听不懂。"他很认真地想了半天，也很认真地回答了我的问题。他说的是实话，因为到了八年级有很多同学在这三科上可以说是"零听课"，原因很简单，听不懂。

"那这样，你试着在能听懂的课上认真听讲，在听不懂的课上遵守纪律，看看每天能够坚持几节课，好不好？"我知道，他只要有事做了，课堂纪律自然也就好了。说到底，学不会不是根本的原因，不想坚持才是事情的症结。

"我一节课也就能坚持十几分钟，然后就忍不住想说话了。"他回答得倒很实在，一点都没有遮掩和隐藏。

"那就把每节课能坚持的时间记下来，记在这个本子上，顺便把每一天做过的好事也记下来。"说着，我递给他一个本子，是我自己制作的，很精美，在商店里是买不到的。

"这个本子真漂亮！"他面露喜色，接过本子翻来覆去地看。

"算是奖励你的，因为你能开始坚持学习了。"正好到了下课时间，我拍了拍他的肩膀让他赶快回去上下一节课。

下午放学的时候，小琪跑到办公室告诉我，他回到教室后显得很激动，不停地向同学们炫耀那个笔记本，并一再强调说这是老师奖励给他的，因为他这段时间表现很好。说的时候，小琪很激动，因为这是作为同位的她第一次见他这么高兴。

第二天晨读时间，他拿着那个本子给我看他的记录。字迹依然那么隽秀，上面写着自己坚持听课的时间和一天中做的各种好事，还记录了自己做的几件错事。

"老师你看，好事多错事少。"他很激动。他不知道，我更激动。

作为教师，无论面对什么样的学生，都应该给他们前行的机会和勇气，并告诉他们行走的方法和方向；无论什么时候，都无权彻底否定一个生命，或者简单地折断一个孩子成长的念想。

必须留一手

早就听说，班里男生特爱打乒乓球，特别是他，据说是个高手。

水平高不高不太清楚，他们那股子打球的热情却是亲眼所见：操场南边共有七个乒乓球台，一到放学的时候有四五个台子会被他们占领；课间几分钟，他们也会见缝插针打上几个来回。可以说，打乒乓球成了他们生命中的"最爱"。上周五，在期中考试的空当儿，他和几个发烧友出去打球差点误了考试。

我很真诚地向这些乒乓爱好者约了一个"场"，我这个乒乓老将想会会这些所谓的高手们。说起打乒乓球，我的资格算是比较老了，读初二的时候，疯狂地迷上了乒乓球，痴迷的程度绝不亚于这些小家伙，甚至还有好几次"逃课"外出打比赛，直到被老师抓住，拧着耳朵转了好几个圈，并叫家长到校教育了一大顿，才恋恋不舍地收了手。至今，一提起乒乓球，留在记忆里的还是耳朵被揪的那种刺痛。

但，这一次的乒乓球不得不打。

下午放学后，他如约到了"战场"。四周已经站了十几个高手，摩拳擦掌等着与我过招。说实在的,虽然打过几年球,但是一直没有长进。按照我师父的说法,我是他的第一个弟子,也是水平最低的一个,接球、挡球水平一直提高不了,但是发球挺厉害,一般人接不着,也学不去。所以,在比赛中,我大多靠发球来赢得胜利。

他一出手,我就明显感到确实有些水平,眼看比分要被这个家伙超过,无奈之下,我只好又拿出发球绝技。果然,他接不住。一而再,再而三,为了撑住门面,我一次次地利用发球把他们打了个遍。他们先是啧啧称奇,然后就开始研究我的发球。天快黑了,还有几个人留在那里让我演示发球过程,一遍遍地模拟,却远达不到我的发球效果。

晚上回家,他开始在QQ上求我,要拜我为师学习发球。

我只回了一句话:"想学球?好好表现,表现好了,传授秘籍。"

微小的力量

这几天,他的表现出乎所有人的意料。

和几个学生闲聊,学生问我他为什么一下子变得这么好了。我笑笑说:"他一直这么好呀,只是你们没有发现而已。"学生不信,又开始列举他以前的种种"劣迹"。我再次告诉他们:"别总是盯着别人的缺点,向着好的方向看,谁都有闪光的地方呢!"学生点头称是,呼啦一下子散了,说是找自己的闪光点去了。

经这些小家伙一说,我也觉得有点奇怪,一个人变得这么快总得有点特别的原因吧。再遇到他的时候,周围正好没有别人。有一句没一句地聊了一会儿,我装作漫不经心地说:"同学们都说你做了很多好事,很可能会成为下一周的'最美人物'呢!"他挠了挠头,有点不好意思地说:"还不是您鼓励我的。"

这一次惊愕的是我了,我迅速在脑子里寻找自己什么时候表扬过他。

班会？没有。晨读？没有……能够让他变化这么大的表扬，一定是在比较正式的场合进行的，到底什么时候高姿态地公开表扬过他呢？

"从您对我竖起大拇指那个时候开始，我就觉得必须做一些好事，还没有人冲我竖过大拇指呢！"他的这句话让我知道了事情的原委。

那天是他值日，当我路过班里卫生区的时候看见他在认真地打扫卫生，而其他几个值日生则在一旁闲聊，恰好，他一抬头与我的目光相对，我冲他竖了竖大拇指，便匆匆去了办公室。

竖一下大拇指的表扬，这也有点太"微小"了。小得没有第三个人看见，小得没有一点声音，小得很容易让人轻易地疏忽掉。而他却记住了，珍惜得像个宝贝。

或许，最打动人的，正是那些细微的东西；最能成就一个人的，多是那些微小之处的坚持。系鞋带，一件微乎其微的事情，却被重庆一个叫罗永强的商场营业员做出了精彩：他能用普通的彩色鞋带，通过编、绕、搭、系等手法，来完成各式生动的造型，从而给平淡普通的帆布鞋赋予了独特、时尚的气息。据说，因为这项绝活，来商场买东西的人特别多，他一个人每月能为商场多带来20万元的销售额。岗位虽卑微，事情虽微小，但只要专心致志地去做，就能创造出惊人的奇迹。

而我们却习惯了教育的宏大，总是喜欢把教育弄得庄严而隆重。就像那些越来越行政化的优秀评比，越来越花哨的表彰活动，除了形式上唬人以外，恐怕很少有真正的感动在里面。其实，教育工作不一定要去做什么惊天动地的大事，也不必营造那么多波澜壮阔的豪迈。一个普普通通的教师，每天需要去做的都是些普通得不能再普通，琐碎得不能再琐碎的事情。

或许，坚守住这些关乎人的灵魂和精神的"微小"，才是教育的真正力量。

（我的这些文章都发布在了博客上，他读了这篇博文，在后面留言：

其实，我还有个私心，我想跟你学习发球，所以得好好表现。）

他开通了博客

他开通博客了，并时不时地到我的博客里转一转。

我写博客的事并没有告诉过学生，总是觉得号召大家来看，不如让他们在某一个不经意间偶然发现：哎，原来这里还有写我的文字呀！

但有几个孩子不知怎么就知道了，估计是在我接班的时候在网上搜索我的名字时发现的。之后，他们就陆续开始建博客了。其中就有他。

只是，他的博客里还没有博文。或许，他只是想看看我写他的文字；或许，哪一天他也会写上一些文字。

……

以上，是我写给他的前十三篇博文。后来，他真的开始写博。按他的说法，他是跟我学的。他的博文都很短，也没有什么文采，但是基本通顺，大都是顺着我写他的文字，或者做个解释，或者进行纠正。

而这，恰是教育的开始。

朝向成长的随笔专栏写作

2014年，我在《湖南教育》开设了自己的教育随笔专栏。这个专栏与我的其他教育专栏不同的是，里面的所有文章不是随意而为，而是有一个统一的朝向，那就是关注教师的专业成长，诠释教师的专业发展。这应该是另一种形式的专题写作。

成为自己是最好的成长

一位朋友写了一篇博文，说他们学校不仅每次考试都会依分数给老师排名，而且还要求成绩排名靠后的老师在校会上公开检讨，这让老师们焦虑不已。由此，我写了一篇文章《拯救孩子，请先拯救教师》。在文章中，我表达了自己的观点：分数不能完全代表教师的劳动成果。接着，我又谈了唯分数管理带来的可能危害："分数一旦被当成追逐的唯一目标，教育就没有了灵性可言；分数一旦被当成评价的唯一手段，教育就没有了人性可言；分数一旦被当成管理的制胜法宝，教育就没有了成功可言。"最后，我表达了自己的担心："强权具有传递性，并会以疯狂的方式叠加——若学校以强权压制教师，教师可能会以更加有力的强权压制学生。这是教育的悲哀，也是最让我们担心的悲剧。"

于是，有人留言评论说："王老师，你食人间烟火吗？中考、高考都要分数，没有分数学校何以生存？教师又何以在竞争中站住脚呢？"很明显，这是一位十分"食人间烟火"的朋友有感而发，他的潜台词应该是：别人都这么做，你就得这么做，不随波逐流就是不解世间风情，就是站着说话不腰疼！

其实，这肯定不是某一个人的想法，而是大多数人或者说是绝大多数人的观点。在最初的时候，我也曾经这么"食人间烟火"，并且心安理得。世界那么大，我们那么小，教育的功利性决定了小小的我们只能顺着风去跑。更何况，人活俗世间，生存才是硬道理，谁又有勇气逆流而上自取灭亡呢？只不过，在后来的后来，在不断迎合世俗的过程中，我的内心里一直隐隐有个声音存在，时时有种抗拒的力量在涌动。那个声音很遥远，那股力量很原始，分明来自灵魂的最深处，它应该是依附于心灵的某种固有的东西。

后来，我读了意大利教育学家蒙台梭利的文章，很认可她的一个观点：人一出生绝不是一张白纸，相反一开始就有一个精神胚胎，这个精神胚胎中藏有心灵成长的密码。这一观点，帮我理解了依附于心灵的那个固有的东西，应该就是蒙台梭利所说的"精神胚胎"。初为人师的我们就是教育里的一个幼儿，从当上教师第一天起，我们就有了一个单纯的精神胚胎。这份精神胚胎，也许无法用简洁的语言表达出来。但至少，我们可以排除掉很多东西：它应该是纯洁的，不应该带有污浊；它应该是简单的，不应该带有功利；它应该是指向成长的，不应该带来毁灭。

初为人师，我们大都对教育有过美好的设想。因为精神胚胎的召唤，我们也曾试着去做纯粹的教育：不为成绩，只为成长；不为荣誉，只为未来。但是现在，很少有人去这样做了，因为我们已经体察到——那样做会损失很多东西，甚至会被体制淘汰出局。这样一来，我们就会失去对教育本身的原动力，一切教育实践都以获得社会的关注和认可为目标。

于是，我们很容易被现实控制，也就忘了自己的初衷。

蒙台梭利还认为，人只有通过自己的行动、感受和思考，才能解开藏匿于精神胚胎中的心灵成长密码。事实也的确如此。背离了初衷的心灵，很容易被外来的力量选择和决定。通过高频率重复作业来获得分数，这不是你想要的，但是考试机制已经帮你做了选择；用恐吓与打压来约束住鲜活的生命，这不是你想要的，但是评价机制已经帮你做了决定……因此，我们也就有了痛苦。而我们痛苦的根源是，我们的良知还没有完全泯灭，我们的精神胚胎还没有彻底萎缩。很多人，在倦怠与无助中苦苦挣扎过后，开始反思自己的行动，并开始用思考来唤醒自己的意志。

当终于从自我的昏睡中醒来，我们就会知道自己真正想要的是什么，想成为什么样的老师，也就真正找到了心灵成长的密码——成为自己。这份密码，始终蛰伏于精神胚胎的内核，不会主动萌发，也不可能自动打开。它需要的，是一份艰难的阵痛和彻悟。

别乱了自己的初心

一位老师给我写了封邮件，内容很长，几千字的样子。

这封邮件大概的意思是说，他是一位农村教师，从当老师开始就喜欢记录班里孩子的各种表现，喜欢把发生在教室里的故事写出来。最初，他只是凭着喜欢去写，随手写完就发在自己的 QQ 空间里，也没觉得是什么特别的事情。慢慢地，喜欢他的文章的人越来越多。后来，有人建议他投稿试试，说不定还能发表。他就选了几篇自己比较满意的文章，精心修改之后投到了几家教育刊物。没想到，竟然真的有一篇文章被编辑看中，发表在了杂志上。他说，那一刻他很激动，整夜都没有睡着觉。

他说，在他们那个小地方，老师们是不写文章的，自然就没有人真正发表过文章。他是第一个发表文章的，这让周围的同事很是羡慕，就连校长都在学校会议上大力宣传。他有些窃喜，也就更加渴望发表。于是，他不停地写，不停地投稿，陆陆续续也发表了七八篇稿子。但是，最近一段时间，他却写不出自己满意的文章来了，甚至不知道如何去写了。每当打开电脑开始写作时，他总担心写出来的文字不理想，总感觉有一大批人会对他的文字指指点点。所以，他每写一个字都要在心里拿捏半天，一句话都要改来改去弄上几个来回。一篇几百字的小文章要写上好几天，还读起来磕磕绊绊不是很流畅。并且，他开始越来越害怕写作，每次都是强迫自己才能写下去。

他问我："王老师，我这是怎么了？是不是到了别人所说的写作高原期呢？"

读完他的邮件，我想起了刚刚读到的一篇文章——

课堂上，老师在给学生讲故事：有三只猎狗追一只土拨鼠，土拨鼠钻进了一个树洞。这个树洞只有一个出口，可是不一会儿，居然从树洞里窜出一只兔子，兔子飞快地向前跑，并爬上另一棵大树。兔子在树上，仓皇中没站稳，掉了下来，砸晕了正在仰头看的三条猎狗，最后，兔子竟然逃脱了。

故事讲完后，老师问："这个故事有什么问题吗？"

学生回答说："兔子不会爬树。""一只兔子不可能同时砸晕三条猎狗。"

"还有呢？"老师继续问。

直到学生再也找不出问题了，老师才说："可是还有一个问题，你们都没有提到，土拨鼠哪儿去了？"

土拨鼠哪儿去了？老师的一句话，将学生的思路拉回猎狗追寻的目标——土拨鼠上。因为兔子的突然冒出，学生的思路在不知不觉中跑偏，土拨鼠竟在大家的头脑中消失了。

其实，这位老师的困惑很像故事里的情景，"土拨鼠"原本是最初的目标，但因为一只偶然跳出来的"兔子"竟然被忘记了。就像这位老师所说，他最初写作只是因为"喜欢"，但是写着写着文章就发表了，"发表"就是他写作之路上蹦出来的一只"兔子"。于是，他不由自主地把注意力放在了追逐"兔子"上，写作的目的也慢慢与"兔子"建立了关系，以致最终忘记了自己写作的"土拨鼠"——喜欢。

我告诉他，他并不是到了什么高原期，而是被一只"兔子"给带偏了方向。我觉得，写作是教师的一种必需的生活方式，把自己的教育生活记录下来，细细品味、慢慢咀嚼，本身就是足够幸福的事情。应该说，写作带来的那种坦然、淡然，那种恬静悠闲，就是写作的全部意义。不小心有了文章的发表，不过是生活的额外奖赏，可以小小地惊喜一下，绝不能沉溺其中，把它作为终极的目标追求。

我告诉他，不仅是写作，对教师的一生来说，说不定什么时候就会跑出一只又一只"兔子"。这个时候，心灵的宁静就显得十分重要：无论在任何时候，遇到任何事情，都不要乱了自己的初心。

成长是自己的努力挣脱与向上

前些天，我到某个地方去讲课。

"王老师，请您给我们的老师传授一些快速提高教学能力的绝招，让他们迅速成长起来！"一位领导一边笑眯眯地给我布置讲课目标，一边伸过手用力地握了握。我忽然有种很不舒服的感觉。快速提高教学能力——这样的语句好像在很多地方听过，只不过没有今天表达得这样直接。

由此，我想起了小时候读过的武侠小说：一个文弱的书生，手无缚鸡之力，频频受到武林恶棍的欺压。忽然有一天，书生得到了一本武功秘籍。他照着秘籍修炼了一会儿，结果功力大增，一下子成了武林高手，把那些欺负他的人打得落花流水，好不痛快。还有一种情况更绝，一个武功高手，相中了某无知少年，直接把武功输进孩子体内，几分钟工夫造就了一绝世高手。

这位领导想要的，或许就是这样一种武功秘籍，或者直接把能力灌送到教师血管里。说实话，这样的"绝招"我真的没有。即使有，我也没有能力在一两个小时之内传授给老师，并保证他们成为教育的高手。

其实，怨不得这位领导。我们身处的这个社会，一直追求的就是高效率，做什么都讲究一个"快"字。书店里最畅销的书有两类，一是教辅材料，它可以帮助学生快速提高成绩，美文妙诗之类慢慢促进成长的书绝不是家长所需要的；二是成功学，诸如一夜致富经、三天爬到高位的灵丹妙药，虽然稍有点脑子的人都可以读出其忽悠的实质，但并不妨碍成功学类书籍的疯狂热销。

我们都在渴望快，都希望得到一种毫不费力就能成功的秘籍。更可怕的是，人们开始从骨子里追求那种不用花费力气、简单易操作，而且效果明显的生活路径。比如减肥，最好是不妨碍吃喝，不影响睡眠，不需要锻炼，躺在床上，看着电视，吃着零食，身上的肥膘一夜之间消失——这样的减肥，我们梦寐以求。其实人们都清楚，减肥要坚持锻炼，要适当饮食，要怎样怎样，却都不愿意去实践。为什么？原因很简单，出效果太慢，过程还太辛苦。

其实，追求"快"本身是好事。比如出行，从慢车到快车，再到高铁，我们的世界变得越来越小。只是，有些事情快不得，教师成长就是最快不起来的那种事情。在我看来，一个人的成长是非常细节化、个性化的，很难有极简单、极易操作的章法可循；一个人的成长又是非常缓慢、逐渐积累的过程，绝没有一夜之间成为名师巨匠的可能。换句话说，每个人的成长都有自己的方式，既不能由他人代替，也无法由别人设计或预设。

社会越是急功近利，我们每一个人越要学会对速成的东西时刻保持警惕，因为任何一种秘籍都有可能忽视了生命成长的复杂烦琐与曲径通幽，小看了生命成长的无尽变数和神出鬼没，从而为成长选择了一种拔苗助长的方式。

要谨记，我们最不能不小心忘了，教师的成长应该是自己的努力挣脱与向上。其他人所做的一切，充其量是有机或无机的肥料，只能提供一点营养和动力。

教师需要一点打碎自己的精神

前几天，我和一位校长在网上交流，他给我讲了一件尴尬事。

他是一个很注重教师成长的校长，只要有可能，就会千方百计为老师们争取学习的机会。这一次，他又争取到了五个外出学习的名额。他认真了解过，这次培训质量很高，组织得也很规范，还有严格的考勤和考核制度。他想把这次机会交给真正愿意学习的人，便放弃了以前轮流安排学习任务的常规做法，采取自愿申报的创新之举。他甚至暗想，如果报名的老师多，就算再去申请、多花更多的钱，他也会帮老师们实现愿望。于是，他在全校教职工大会上讲了这次培训，并鼓励老师们积极报名参加。但是，一个星期过去了，教务处的老师告诉他，一个报名的也没有。这让他大跌眼镜，怎么会出现这样的局面呢？没办法，他只好再次使用老办法，让办公室的人按照常规指派人去参加。办公室的人告诉他，指派了很多人但都不愿意去，会议地点太偏僻了，没有玩头。他这才明白，原来老师们以前接受培训任务的原因，并不在于培训质量有多好，而是培训地点都很繁华，可以借机去购购物，旅旅游。他至今还没弄明白，明明老师们的视野需要开阔，教育教学的艺术需要提升，怎么就是不愿意去学习呢?

有一次,我到外地出发,遇到一位很资深的教研员,他对教师的成长也是焦虑不安。

他先是谈了参加教研活动时老师们的种种做法:逃会、聊天、玩手机,很少有人去认真听精心设计的教研内容。他到一所学校调研,教研组长所谈的学校毕业年级的教学创新举措竟是多年前他亲手做的研究方案。叹息之余,他退了一步:"一般的老师对学习和研究没有兴趣,倒也可以理解,为什么那些省市级的教学能手也不愿意再去学习了呢?"原来,他曾经多次与本学科的骨干教师座谈,希望他们在优秀的基础上再进一步,把自己的经验和特色做法挖掘出来,梳理成自己的教学理念。也就是说,他希望这些学科带头人能够走上研究之路,多拿出一些时间读书学习,多做一些教学研究,实现从实践型教师到专家型教师的跨越。但他的倡议,无人响应,更没有人付诸行动。再后来,他了解到这些名师的生活常态:因为在学科教学上有了名气,成了教学骨干,领导开始重视,"教而优则仕",成了单位里的小干部,大大小小的管理事务损耗了他们大量的精力;因为教学成绩突出,成了家长们认可的老师,于是很多家长想方设法把孩子送到他们家里辅导,他们被"逼着"做起了家教,课外的时间都耗费在"挣钱"的事上。最终的结论是,他们确实没有精力,也无暇再去顾及成长的那些事。

有的教师,也会对自己的现状不满足,渴望能够在现实的结果上更进一步,却又在行动上极易自我满足,觉得自己已经做了不少,不愿意再往前走一步,这就是所谓的"梦想的巨人,行动的矮子"。也有的教师,喜欢安于现状,不想在工作上多"折腾",一切都以"还说得过去"为准则,对那些不是被逼无奈的事情,不愿意想、不愿意做,这在现在已经成了一种主流现象。其实,普通教师不愿意主动成长,优秀教师没能更优秀,从根子上来说是缺少了一种打碎自己的精神。

我一直认为，人若没有打碎自己的精神，生活迟早会走向板结。每一位老师，在最初的时候，肯定都有过豪情与激情，也有过努力和勤奋。只不过，在岁月与世俗的侵袭下，慢慢地臣服，慢慢地板结，慢慢地没有了流淌和生动。

所以，有时候，教师需要一点打碎自己的精神。打碎自己，就是时时警觉地反思，仔细地回眸。在快要凝结的当儿，轻轻给自己一阵敲打，一点撼动，让自己不至于硬化，并始终保持着向上的灵动。

用文字钉钉子的老师

有两位朋友找我帮忙联系辅导教师。他们的孩子在同一所学校读书，读相同的年级，相对薄弱的学科都是物理。但是，他们物色好的名师却不是同一个人。

说起来，这两位名师我都比较熟悉，他们在各自学校里都是赫赫有名的人，属于超级抢手的"大牌"。比较明显的证据就是，他们都担任两个班班主任，他们所带的班都需要很强的关系才可以进入。朋友的关系不硬，孩子入学时没能够进到他们的班级，所以想利用假期让名师给带一带，把物理学科的成绩提上来。

孩子和家长都对假期补课抱了很大的希望，在甄选辅导老师时也是多方打听，才选到了各自理想的目标。可是，他们都不认识这两位老师，而对不熟悉的学生，两位名师都拒绝辅导。所以，他们才想到了我，想让我牵线搭桥，成全孩子的"补课梦"。深知孩子求学不易，也对家长望子成龙的心情感同身受，我便答应了他们的"请求"。事情进行得很顺利，两座"桥"都顺利搭建成功，两个孩子都参加了各自喜欢的假期补习。

第二天，其中一个孩子便拒绝再去接受辅导。细问之下了解到，并不是因为老师讲课的水平差,而是孩子觉得老师"道德不高尚",跟着他学习有一种恐惧感。原来,为他辅导的那位老师,在辅导休息的空当,不断给几个参加辅导的学生讲自己的威武事迹。比如,某天把班里那个一米八多的大个子男生一脚踹出三米多远,大个子男生还得乖乖地爬起来立正站好。也正因此,他们班的纪律出奇地好,没有一个学生敢"造次",学习风气浓厚,所以班级成绩一直遥遥领先。而事实上,朋友的孩子也在一天的补习中感受到了老师的"威武":往往讲着讲着就停顿下来,拿眼睛瞪向某个开小差的学生。孩子感觉在这样压抑的气氛下学习,实在是无法坚持。

朋友在了解了事情的原委后,觉得孩子的说法有道理,便打算将孩子转到另一个名师那里。但他心有余悸,便问我:"那个老师会不会也是靠严厉成为名师的?千万不能从一个虎口调到了另一个虎口呀!"

另一个名师姓杭,有一次我替某杂志组稿,编辑过杭老师的稿子,便开始从网上交流。再后来,在一起吃过一顿饭,那也是我们唯一一次面对面的交流。杭老师给我的感觉是温文尔雅,不像是依靠暴力管理班级的人。"人不可貌相,你还是好好打听一下吧!"朋友似乎还是不大放心。

这倒让我想起了吃饭时的一个细节。那天,一起吃饭的只有五个人,原本十个座的餐桌显得相当宽绰。坐在我左边的杭老师的面前摆了两双筷子,我以为肯定有一双是服务员没有及时撤走,偶然留在了那儿。但很快,杭老师的做法让我开始好奇:他拿起筷子夹了一些菜,并不直接吃掉,而是放到面前的一个小碟子中,然后再用另一双筷子送到嘴里。如此的动作,他一直在重复,每吃一口菜都要比正常吃法多出一道程序。看我盯着他,杭老师似乎看出了我的困惑,便笑着解释说:"这几天感冒了,怕传染了大家!"原来,他是为了防止自己接触过的筷子伸到菜盘里,才用了这么一个防止"传染"的方法。

想到这，我非常肯定地对朋友说："就让孩子跟着杭老师补课吧，我敢保证孩子会喜欢他。"在我看来，一个习惯用看起来纯属多余的方式避免伤害他人的人，一个如此小心翼翼呵护公共空间的人，肯定是一个有大道德的人。而我坚定地相信，一个有着良好道德素养的人，绝对不会采用反道德的方式帮助孩子获得成长。更何况，"亲其师"才能"信其道"，大德就是大教育，就是最好的教育。

事实证明，我的判断是正确的，朋友的孩子转到杭老师那里后，学习的兴趣被完全调动起来。

据朋友的孩子说，杭老师一点也没有老师的"架子"，每次到他家，他都是起身相迎，客客气气地把学生让到座位上；每次离开他家，他总是跟着送到楼下，千叮咛万嘱咐地和学生道别；上课的时候，哪怕是问了一个很浅显的问题，他也会认真地解答；做题的时候，哪怕是错了不应该错的题目，他也会一遍遍地笑着订正。孩子说："我们从来就没有见过他生气，但是我们都很尊重他。因为尊重他，我们就愿意学习，并且觉得学习是一件十分轻松愉快的事情。"

当我把孩子的赞誉转述给杭老师，并问他为什么会如此宽容时，他说："以前的我也和大多数老师一样，会因学生的错误而焦灼不安，恨铁不成钢的急躁往往让自己采取了不适当的教育方法。"然后，他讲了帮助自己改变的方法。

有一个孩子生性暴躁，一天，父亲拿着一个锤子和一块木板来到孩子身边，心平气和地说："孩子，你怎么发脾气都可以，但是以后每发一次火你就往这块木板上钉一颗钉子。"孩子照着父亲的话去做了，木板上的钉子也多得没有地方可以再钉了。孩子觉得心里不是滋味，他想，如果自己不发火不就不用钉钉子了吗？想到这里，孩子克制自己，不管遇到什么让自己不高兴的事情，都尽可能少发脾气或者不发脾气……

这是一次班会课上，他讲给学生听的《钉子与木板的故事》。当故事讲到这里时,一个调皮的学生说:"老师,你让我们学会制怒,你呢?要不要也找块木板钉钉子呀?"学生们哄堂大笑,他的怒气一下子升腾起来,想了想又忍了下去,总不能扇自己的嘴巴吧!回去以后,他想了想学生的话,觉得也有道理。让学生做到的,自己为什么不能先做到呢?于是,他找到了一个"钉钉子"的办法,那就是每次发脾气后,把整件事写下来,然后一点点地反思自己做得不好的地方。

慢慢地,通过写作进行反思成了他的习惯。每天夜里,他都会挤出时间强迫自己坐下来,把白天发生的事情一点点地写出来。在每次记录中,他都会反思三个问题:这件事情我做得对吗?还有没有更好的解决办法?再遇到此类问题,我应该怎么做?这样的反思,一点点地改变着他,让他"爆发"的次数越来越少,他的教育慢慢发生了改变。当然,那些已经钉在他心里的"钉子",也在这样的追问中被一颗颗拔下,并留下了成长的结。

张文质先生说,教育是慢的艺术。其实,教师的成长也是慢的艺术。你写一篇两篇反思肯定不会有多大的改变,十天半个月也未必会有什么长进。但是,假如你天天写,天天反思,那么改变肯定会如期而至。

就这样,坚持写作反思二十多年的杭老师,慢慢从一个颇有脾气的老师,变成了一个温文尔雅的大德之师。而这一切,无疑都离不开文字,离不开写作带来的沉静的反思。

以班主任工作为主的专题写作

班主任专业发展是我最重要的一个研究方向,连续十几年的实践与深度研究,让我在这一领域收获颇丰,也让我在教育研究的道路上越走越顺畅。

优秀班主任的标准是什么

班主任是教育教学的主要实施者,班主任工作是学校各项工作中最重要的一环。自从1984年新中国第一次表彰全国优秀班主任开始,我国的班主任工作得到了迅速发展,班主任群体的管理理念和实践也一步步走向成熟和完善。在这里,我尝试对这三十多年班主任工作的理念与实践做一个回顾。

爱心·奉献

作家刘心武在20世纪70年代末发表的小说《班主任》,因其深刻的现实意义被誉为伤痕文学开篇之作。小说描写了班主任张俊石答应16岁"小流氓"宋宝琦到自己的班级就读,引起同事和班干部的反对,张老师却"心怀激昂壮志"要将宋宝琦培养成社会主义建设接班人的故事。小说塑造了一个在那个艰难的时期,有责任感、爱心和奉献意识的班主任形象，通过大量的细节描写，说明了不管环境如何恶劣，爱与被爱一直没有在师生之间消失。

1984年6月，"五讲四美三热爱"活动在全国展开，"五讲四美三热爱"成为20世纪80年代最经典的口号，文明和热爱成为那个时期的价值追求。爱心、奉献和责任也成为第一次全国优秀班主任表彰大会的关键词。1985年9月10日，新中国的第一个教师节当天，北京发行纪念邮票，封面图案为花朵与教师。其寓意为：老师像园丁，用辛勤的汗水浇灌祖国的花朵。于是，尊师重教的风气骤起，孺子牛、蜡烛、人梯等成为教师形象的代名词。

在这一背景下，20世纪八九十年代，爱和奉献一度成为衡量班主任工作的标准，也是班主任从事班级管理的一条行为准则，无私奉献、大爱无疆是班主任群体的精神要求。我的一个小学班主任，用"在肚皮上盖戳"的方式创造性地解决了危及学生生命的溺水问题，但是在县里进行的优秀班主任评选中却未被选中，而那些一心扑在班级里，晚上加班家访的班主任则被高调宣传。由此我们可以看出，那是一个只讲究爱心和付出力度的年代，理念、智慧还没有很好地被重视。

20世纪90年代，班主任的奉献形式开始呈现多样化。虽然教育界推崇的仍是老黄牛式的楷模，但也成长起了一批用自己的爱心、责任和智慧引领学生生命成长的新型优秀班主任。1998年，李镇西老师在《爱心与教育——素质教育探索手记》中叙述了很多教书育人的感人故事，既有表现李老师对学生真挚的爱的，又有反映学生对李老师爱的回报的，充分体现了一个优秀班主任源于爱心的责任感。《爱心与教育——素质教育探索手记》不仅是教育的新经典，更是那个时期班主任工作的一个高度浓缩和概括。

民主·科学

自20世纪90年代始，"人文精神"成了学界关注的一个热门话题，其核心就是"以人为本"。魏书生老师在《班主任工作漫谈》一书的自序中说:"我常常觉得班级更像是一个小社会,社会上有什么,一个班级就可能有什么。学生走出家庭,通过在这个小社会里实习,才具有了一定适应大社会的能力。"在魏老师看来,社会发展背景一定会影响到教育理念,而教育的内容和实践必须与社会主流意识相匹配。由此,他提出了与那个时代精神高度一致的班级管理理念:一是民主,二是科学。他的这一理念,开启了班主任工作的一个新的探索期,那就是民主理念和科学管理意识在班级工作中的深度渗入。在这本书中,他收录了《一人为全班,全班为一人》《和后进生组成互助组》《设立值周班长》《犯错误,唱歌》《学生座位自愿组合》等大量体现民主治班和科学管班的文章,浓缩了这个时期民主意识对班主任工作和实践的影响。

这一时期,李镇西老师也开始了从爱心教育到民主教育的思考。2000年安徽省发生的"刮脸"事件,引发了国内教师对"体罚"问题的反思。每次体罚事件曝光之后,人们往往把焦点放在施暴的教师身上,习惯于从师德方面予以谴责,或者冠以"缺乏爱心"之类的帽子。随着民主意识的加强,很多像李老师一样的班主任开始从这件事中看到"中小学教育中民主教育长期缺失带来的后果"。在《民主与教育》这本书中,李老师收录了《在民主生活中学民主——民主知识的启蒙》《今日的学生,就是将来的公民》等文章,这些文章引发了人们对民主教育的进一步思考。

同时,在民主理念的引领下,班级管理策略开始朝向科学化的方向发展。以学生参与为主的班级自动化管理、班级自我管理等班级管理模式纷纷出现。"人人有事干,事事有人管"成为班级民主文化的标志,班主任试图通过班干部队伍建设、班级管理制度建设和班级民主运作模式建设等来推动班级管理的科学化,并培养学生的民主意识和法制意识。

另外,一些其他行业的先进管理经验也被引入班级管理之中。比如,具有企业管理鲜明特征的"量化管理",曾一度引领这个时期的班级管理,成为众多班主任仿效、复制和使用的常规管理方式。

自主·专业

2002年,国家开始关注自主发展战略。2006年,党中央、国务院提出建设创新型国家战略,并力争在十五年内把我国建设成自主创新型国家。一时间,各行各业纷纷把目光聚焦在自主发展上。在教育领域,这种自主表现在学生方面,就是学生的自主管理,即学生在教师积极的引导下自行发现自我价值、发掘自身潜力、确立自我发展目标、形成适应社会发展和推动个体与社会发展的意识和能力。对于班主任来说,这种自主一方面表现为自身专业化发展的主动与自觉,另一方面则表现在班级管理中对学生自主创新能力的培养上。

2002年10月,全国第十一届班集体建设理论研讨会在天津市大港区举行,首都师范大学王海燕教授提炼了"班主任专业化"的理念,这是班主任自主、专业化发展的萌芽,也可以说,中小学班主任工作的理论探讨进入了"自主—专业化"时期。

2003年11月,全国第十二届班集体建设理论研讨会在柳州举行,"班集体建设与班主任专业化发展"成了会议的主题,"班主任专业化"建设以民间学术影响的方式推向全国,也引发了全国范围内民间研究意义上的"班主任专业化"理论探讨。

2004年,班华教授在《专业化:班主任持续发展的过程》一文中,对班主任专业化的概念厘定、制度建构、操作规程的形成等进行了概略式的论述。

2005年1月,南京师范大学教育科学学院举办了第一期班主任专业化培训班。同年4月16日,《人民教育》编辑部在浙江省举行了全国班主任工作与班主任专业论坛。这些学术活动的开展充分表明了班主任工作已经开始了自主发展、专业发展。

2006年，教育部出台《教育部办公厅关于启动实施全国中小学班主任培训计划的通知》，对班主任的要求制定了更明确、更专业的标准，正式明晰了班主任的专业形象。与此同时，一大批教育专业的报刊相继发表了有关班主任专业化的理论性文章，并推出了一些相对成熟的探索成果。

官方的认定和学术研究的深入推进，逐渐改变了班主任工作专业理论匮乏、专业素养不足、自主性缺失和个性不强的弊端，也打破了某个理论和策略一统天下的僵化局面，班主任开始关注自身的特长和特点，注重寻找属于自己的发展方向。关于班主任工作的讨论开始出现"百花齐放、百家争鸣"的局面，如万玮老师的《班主任兵法》、李迪老师的《我和学生谈爱情》、袁卫星老师的《生命课》系列专著等等，呈现了他们各自在特长领域的研究成果。实用、个性、特色、专属等与自主、专业有关的词汇正逐渐成为衡量优秀班主任的标准。

如果我们把"爱心与奉献"作为三十年来班主任工作实践与理念的起步与基石，那么"民主与科学""自主与专业"则是在这一"基石"上的深入、细化和个性化的进化。从质朴深刻的情感之爱到建立在民主意识上的公平大爱，再到以自主成长为核心的人性释放之爱；从无私奉献的劳模型班主任到关注科学管理的智慧型班主任，再到专注于专业发展的特色型班主任……这不仅总结了班主任实践三十多年所走过的路径，更揭示了班主任工作今后的方向和目标。

优秀班主任应该具备的五种意识

最近，我接到了一次班主任论坛活动的点评任务，对七十位班主任的经验材料进行细致分析和解读。点评结束后，有一些想法挥之不去，便梳理了一下优秀班主任的一些典型特质，归纳出这些优秀班主任再往前走一步需要的五种意识。

发展意识

每到一个地方给老师讲课，我都会和老师们互动一个话题：踏上讲台的第一天，你潜意识里的教学经验来自哪里？做班主任的第一天，你一不小心模仿了谁的班级管理方式？大多数年轻老师的回答很一致，那就是自己的老师、自己的班主任。虽然"准教师"们接受了规范的高等师范教育，但所学大多是"高大上"的专业理论，很少接受教学实践层面上的有效训练和指导，当他们踏上讲台的那一天，就只能把自己中小学阶段的某个或某些老师当作模仿对象，当初自己老师怎么教育自己，自己就怎么教育学生。这种技能上的"长大后我就成了你"，对班主任来说是专业成长的巨大危机。时代在发展，学生在变化，我们的教育实践却因为言传身教式的"世袭"而停滞不前。这是一种可怕的现象，班主任的实践技术一直在"向后看"，思想理念和发展意识自然也就向后生长。如此下去，班主任的专业化发展也就只能是一种空洞的设想。

想要成为一名优秀的班主任，首先要弄清楚班主任工作的时代特征以及发展的趋势。前文中我对班主任工作三十多年来的理念进行了梳理和提炼，从而确定了各个时代的关键词：第一个十年的关键词是"爱心与奉献"，在班级管理中强调近乎亲情的师爱，对班主任的要求大多集中在无私奉献、默默耕耘等道德方面，园丁、蜡烛、春蚕、孺子牛、人梯等成为以班主任为主的教师群体形象的代名词；中间十年的关键词是"民主与科学"，民主管理成为班级管理的主流意识，班级管理的策略和方法更加注重科学性，小组管理、量化管理等成为班级管理方式的典型代表；最近十来年的关键词是"自主与专业"，班级管理注重学生的自我发现和自我成长，班主任自身的专业化发展开始逐渐步入快车道，个性、特色、专属等成为班级管理的符号特征。

这三个"十年"并不严格以时间点为界，只是一种大致的时间划分，每个时间段的特征也绝非互斥。这些典型特征只是代表了某个时间范围内，班主任工作的潮流和走向，它们带给我们的意义有两个：一是明晰自己所处的时代，洞察这个时代班主任工作应该遵循的朝向；二是给自己一个明确的发展定位，让自己的发展意识符合主流特征。

专业意识

21世纪初，班主任的专业化问题在民间开始酝酿并被积极推动，2006年教育部出台《教育部办公厅关于启动实施全国中小学班主任培训计划的通知》，正式赋予"班主任"这一岗位以专业形象。然而，十多年的时间，班主任的专业化发展却没有取得实质性的突破，班主任始终还是一个"轮到谁谁干、指派到谁是谁"的具有随机性的兼职。班主任工作的教育实践也大都局限于约束学生、维持秩序之类的"管理"上，甚至被收款、发通知等烦琐事务牵绊，专业和专业化更多地停留在口号中。更重要的是，我国还没有一个完整的班主任专业标准体系，所谓的班主任专业化发展多见于管理文件中的一些简单规定。专业不专职的现实尴尬以及专业标准的缺失，必然导致班主任群体的专业发展始终处于一种自发的、无序的探索状态。对于班主任专业发展的描述和解读，也是百家争鸣、众说纷纭，缺少一个系统、完整、公认的目标和模式。在这种环境下，教师的专业意识就显得尤为重要。在班级管理的具体实践中，以专业的意识思考问题，用专业的手段解决问题，靠专业的思考成就管理，这是每一个班主任都应去尝试的成长之路。

"学生盗窃事件"是班级管理中的棘手问题，每一位班主任都会遇到，也都有自己独特的解决办法，我想以这个问题的解决来谈谈班主任的专业意识。当学生盗窃本班同学财物或者是其他人的物品后，你会如何处理？在各种书籍和优秀教师的发言中，我们常可以看到这样一些做法：班主任最终发现了盗窃者，但并没有惊动他，而是以替其还钱给失主来平息盗窃事件，结果是十几年、几十年后学生写来了忏悔信，或者感谢信;班主任发现盗窃学生后,单独对其进行了批评教育,然后替学生保守秘密,学生在感动之余彻底发生改变;学生偷盗的不是本班学生的财物,当失主寻上门来时,班主任想方设法替学生向失主求情,学生受到触动并最终被感动,自此变成了一个阳光纯净、昂扬向上的好学生……这些美好的教育故事在适合的地方、适合的时间和适合的人身上都有可能发生,但一定不具备普适性。在《我们应该怎样爱学生》一文中,我曾经讲过一位班主任的做法:他和学生做过深入沟通后,严厉指出了学生的错误做法,并答应为学生守住秘密,但是,他并没有到此为止,而是先让学生返还了本次偷盗的钱物,然后统计了这个学生以前偷盗的钱数。因为以前偷的钱都已被学生花费掉,这个班主任便要求学生制订一个还款计划,并与其商定通过捡拾饮料瓶等方法筹钱。在班主任的帮助和监督下,这个学生利用很长时间,付出了很多辛苦才赚到了需要偿还的钱款,但最终明白了一个道理:永远不要去拿不属于自己的东西。相比以上几种处理方式,我更认同这位班主任的做法,因为他的做法更专业,他的想法更具有专业意识。

借力意识

大英图书馆,是世界著名的图书馆,藏书非常丰富。有一次,图书馆要搬家,粗略一算,搬运费要几百万,图书馆根本没有这么多钱。怎么办?有人给馆长出了个主意。图书馆在报上登了一个广告:即日起,每个市民可以免费从大英图书馆借10本书。结果,市民蜂拥而至,没几天,就把图书馆的书借光了。书借出去了,怎么还呢?还到新馆来。就这样,图书馆借用大家的力量搬了一次家。我想,这个故事告诉我们的是:智者要借力而行,一个优秀的班主任一定要具备借力意识。

班主任工作的专业性很强,而一个人的视野和能力往往没有那么宽阔,这就需要我们学会借力:向同事借力,让班级成为所有任课教师的公有领地;向学生借力,让民主和自主成为班级管理的常态。从这个意义上来说，班级管理艺术就是一个借力的艺术。其实我们还可以向家长借力，班级家委会是班级管理的一支重要合作力量，也是最有"力"可借的一股资源，但"如何借"和"借什么"是十分值得探究的一个问题。那种把家委会当作后勤处、供货商的做法，不仅会伤害班主任和学校形象，而且容易把溺爱、包办等家庭教育的弊端移植到班级中来。家委会应该是家庭教育和学校教育的桥梁，疏通和传递的应该是教育的力量和理念，而不是物质。这个桥梁应该是双向的，既不能只从家庭流向学校，也不能仅从学校流向家庭。我们可以让家长的社会精神资源和智慧补充我们的学校教育，也可以让我们的专业教育能力帮助家庭教育趋向完善和完美。

除了家长力量以外，我们还有很多资源可以借用。比如诸葛小学的公老师，她所在的学校是个村级小学，各种资源贫瘠，但是她学会了向社会资源借力——依托白沙埠镇的孝道文化底蕴，开展了一系列主题教育活动；依托各行各业名人力量，拓展学生的国际思维。再如，吉林省公主岭市秦家屯第二中学班主任李素怀，一位农村中学班主任，她用自己的坦诚和执着把漫画家、书法家、作家等行业精英引入自己的班级管理中，她奖励给学生的可能是著名漫画家专门为学生创作的肖像画，学生得到的生日礼物可能是著名书法家亲笔书写的座右铭等等，她和她的学生在与这些名家的交流交往中，视野开阔了，境界提升了，教育变得坦然了。

课程意识

有位老师在微信上发了一组树叶画照片，引起了我很大的兴趣。后来我有机会去了她的学校，亲眼见到了学生用树叶精心制作的叶子画。这位老师告诉我，她们近期打算搞一次展览，把这些优秀的作品在全校进行展示。当时，我给出了不同的建议："单纯的树叶画制作只能算是平常意义上的小制作，单纯的展览展示也只能是一次学校活动，这些都不足以把树叶画的教育价值和意义充分挖掘出来。我们可不可以这样想，一片叶子从发芽到长大再到凋落，这是一次生命历程，用树叶作画其实是赋予了叶子第二次生命，甚至是永恒的生命。如果我们从对植物的认识、栽植、养护开始，到对落叶的艺术性加工、实用性加工、研究性加工制作，再到树叶画内容的故事性、经典性、生成性拓展一步步开展教育活动，那么树叶画这样一个简单的手工活动，就可以构建起一个包含生命教育、生物学知识、艺术教育、实践能力、环保教育乃至经典阅读等内容的"叶子课程"。

《当代教育家》杂志总编、北京亦庄小学校长、著名教育人李振村老师把第二届当代教育家论坛的主题定为"用课程改变学校"，这对我们的班级管理具有很大的借鉴意义。如果我们把目光聚焦在国内班主任研究领域的顶端，我们会发现班本、师本课程已经成为彰显班主任工作特色的一个主要渠道。换句话说，班级活动课程化已经成为趋势，用课程改变班级的时代已经到来。其实，很多班主任所开展的班级活动已经接近课程的概念，只是缺少课程化的系统梳理和整合，或者是缺少一个课程化的提升。有一位班主任，坚持做主题班会，她积累的主题班会材料已经达到了150个，并形成了有主题、成系列的班会资源库。如果我们有意识地对这些资源进行课程化系统整合，以"主题班会课程"的视角去审视这些主题班会的价值和意义，这些主题班会的教育意义和价值就一定会得到衍生，这位班主任的发展道路也会越来越广。还有一位老师，她积累起来的材料大都与交流互动有关，比如用故事、儿歌等与学生互动，用纸条、书信与家长互动等等。如果用课程的理念来定义的话，她的方向可以放在"班级对话课程"的实践和研究上。同样，那些把童话阅读引入班级管理的班主任，用《论语》等国学培养学生良好习惯的班主任，用古典诗词涵养学生心灵的班主任等等，他们以个人爱好特长进行的教育实践，都值得进行课程化的打造，而且很可能会成为独特的班级课程。从班级活动到班级课程，不仅是名称的改变，更大程度上是一个从单薄到丰厚、从零散到系统的建构过程。从本质上来讲，它改变的不仅是教育的容量，更是教育的深远价值。

品牌意识

在电子技术领域，提到日本，大家想到的一定是索尼和佳能，提到韩国，就不能不想到三星。在很多时候，品牌所带来的不仅仅是利益，更是一种品质和力量。所以，当中央电视台打出"相信品牌的力量"这句广告词时，其强大的宣传力量瞬间得到释放。细致到生活，比如超市购物，在价格相同的情况下，我们往往会选择品牌商品，这就是我们对品牌的认可和信赖。

我一直在想，每一个行业都有自己的特色和品牌，我们做班主任的是不是也应该有自己的特色？是不是也可以打造属于自己的教育品牌？回答是肯定的，每一个愿意成长的班主任都应该有一手绝活，有一张走出校门、市门乃至省门的金字招牌。这就要求优秀班主任一定要有品牌意识，要给自己定好位，竭力打造自己的治班特色，形成自己的品牌。班级管理是一个极富弹性空间的成长领域，也是一种容易生长特色的教育实践活动。一个品牌班主任的成长大多呈现这样一个基本路径：通过一段时间的实践，成为一个合格的班主任，具有娴熟的、足以应对班级管理的能力和智慧；通过深刻的思考和反思，发现自己的特长和专长，做一个有特长的班主任；通过不断完善和张扬自己的特长，让特长成为特色；通过对特色的锻造和锤炼，让特色无限发展，并形成稳定的品牌形象。简单地说，就是"成熟班主任——有特长的班主任——有特色的班主任——品牌班主任"。有一句俗得不能再俗的话是这样说的，"不想当将军的士兵不是好士兵"，套用过来就有了这样一句话：不想成就品牌教育的班主任不是好班主任。这样的语言虽然听起来不够"高大上"，却击中了我们成长缓慢，甚至停滞的主要原因——我们不是缺少成功的潜质和可能，而是缺少自觉、自愿、自发成长的愿望和渴望。

还是要重复一遍前面的那句广告词——相信品牌的力量。

班主任需要具备的三种力

最近，参加了一所学校的"班主任成长节"启动仪式，并应邀就班主任成长的新途径谈了自己的几点看法。在互动环节，有一个班主任谈了自己在工作中的付出、劳累、茫然和无助。从他的叙述中，可以看出他并不缺班级管理经验的积累，也不乏对工作的热情，却在烦琐的班级事务和来自各方面的压力面前，始终处于一种疲于应付、心力交瘁的状态之中。从现场班主任的反应来看，他的境遇绝不是个案，而是班主任们的普遍状态。这让我不由开始反思，今天的班主任应该具备哪些"常规"以外的能力？

智慧力

一个人能够迅速、灵活、正确地理解和处理事务是一种能力，这种能力是建立在智慧之上的，我们把它称为智慧力。这种说法似乎过于理论，听起来有些空泛，为方便理解我用下面的这个小故事来说明什么是智慧力：

有两只蚂蚁想翻越一段墙，寻找墙那边的食物。一只蚂蚁来到墙脚就毫不犹豫地向上爬去，可是每当它爬到大半时，就会由于劳累、疲倦而跌落下来。可是它不气馁，一次次跌下来，又迅速地调整自己，重新向上爬去。另一只蚂蚁观察了一下，决定绕过墙去。很快地，这只蚂蚁绕过墙来到食物前，开始享受起来；而另一只蚂蚁还在不停地跌落下去又重新开始。看，享受到食物的那只蚂蚁就具有智慧力，而那只拥有力量、勇气和毅力的蚂蚁只能一遍遍重复着失败，辛苦、劳累和沮丧自然也会越来越多。

在班级管理中，也有很多类似的问题。当一脚踏进教室，看到学生叽叽喳喳、打打闹闹的那种混乱场面时，如何让他们尽快安静下来，并迅速进入学习状态是我们经常要面对的一个实际问题。其实，这个乱哄哄的场面就是那面墙，安静的学习状态就是墙那边的食物，怎样才能吃到食物就是在考验我们的智慧。在这个时候，大多数老师会通过声色俱厉，再配以噼里啪啦敲打讲桌的声音以期达到"戛然而止"的效果。而事实上，从心理学的角度来说，让一位正处在兴奋状态的学生一听到老师的要求就立刻静下来是很难的，"戛然而止"只是一种理想状态。多数老师会点名批评几个"闹得最欢"的学生，然后把批评扩大到全班同学，甚至越"批"越激动，半节课、一节课就在老师的情绪宣泄中浪费掉了。即使这种强压的效果比较好，几分钟后学生静了下来，那些受到批评的学生也会在这节课上表现得无精打采，整个课堂气氛会显得很压抑。而如果我们能够遵循学生的心理规律，先是站在讲台上耐心等一等，给学生一个心理缓冲的机会（这个时候一定会有部分学生自己静来下，混乱局面会有所改观），再表扬一些课前准备比较好的同学，并依次增加表扬的数目，直到整个班级静下来。那么，最后得到的就不仅仅是一个安静的学习氛围，还会有愉快的心情、高涨的热情以及和谐的课堂。

教育是艺术，仅有蛮力是不够的。我们所说的班主任工作累，大多是指心累，一种心力交瘁的困倦，这或许与我们简单的工作方式有关。毕竟，以一种力量去压制另一种力量，对双方来说都是一种消耗。所以，作为班主任，学会借助智慧的力量和一点点精神上的努力来处理班级问题，才是一种有智慧力的表现。

执行力

国王理查三世和他的对手里奇蒙德伯爵亨利要决一死战了，这场战斗将决定谁统治英国。战斗的当天早上，理查派了一个马夫去备好自己最喜欢的战马，而这个马夫因为急于完成任务而让铁匠少钉了一个马掌钉。于是便有了"少了一个铁钉，丢了一只马掌；少了一只马掌，丢了一匹战马；少了一匹战马，败了一场战役；败了一场战役，失了一个国家"的历史悲剧。这个最糟糕的结局看起来似乎是因为少了一个马掌钉，实际上最根本的原因还是马夫没有尽到职责、执行力不到位。由此可以看出，一个人不管在什么岗位上，不管位置高低，都应该坚守自己的职责，都应该具有完美的执行能力。

班主任，作为任务最后一层的执行者，虽位卑但责任重大。不仅要有把学校的理念和思想变成行动，把行动变成结果，从而落实学校管理意图的执行力，还要有通过自己的影响，把班级打造成一个具有创新力、竞争力和凝聚力的团队的能力。很多时候，班级管理的失败和错位，班主任的挫败感、茫然感和面对问题的不知所措，就是源于对执行力的误解、错解。比如，学校要求学生具有良好的仪容仪表，一些班主任就会采取极端的、刚性的方式和手段对学生加以规范，并把此理解为个人的执行能力。这其实是对执行力的一个误读，这种不分青红皂白的落实和不知变通的勇往直前，除了导致学生对班主任的抵触和怨恨以外，往往还会产生很多负面的后果甚至悲剧，也会让班级在强压之下失去活力与灵性。很多人会疑惑，自己千辛万苦执行学校的规定，一丝不苟履行自己的职责，为什么会导致这样的结果呢？

其实，班主任的工作对象是学生，是活生生的具有鲜明个性的生命，班级管理自然就不能像马夫钉钉子一样简单而直接。班主任的完美执行力，不仅体现在结果和成就上，更多还体现在执行过程的人性化、策略化、艺术化上。处理好纪律的原则性和灵活性之间的关系，构建以理解、平等、民主、和谐为基调的沟通渠道，树立以制度规范、以机制保障、以情感激励为内容的班集体建设理念，这才是班主任的完美执行力。

研究力

每天面对繁重的教学任务、打不完的学生官司、纷繁芜杂的班级事务，很多班主任焦头烂额，以至于忘记了品尝教师职业的幸福，更不敢奢望达到"享受教育"的崇高境界；以至于工作越来越累，心情越来越糟，对未来越来越迷茫，工作成了一种疲于奔命的挣扎和应付。工作动力日益走低，已经越来越成为教师，特别是班主任职业倦怠的根本原因。

享受教育，这是一个很高的教育境界，恐怕很少有人可以达到，更多的人是把它作为一种职业追求。但是，把教育变成一件幸福的事情，化枯燥为有味、化无聊为充实，却是我们可以做到的事情，这就需要班主任具有研究力。比如，在班级管理中，经常会遇到各种秉性不同的学生，其中最难以处理的是一种接近"歇斯底里"的孩子。他们往往表现为易怒、冲动，在别人看起来微不足道的一些小事，可能就会诱发他们强烈的反应，比如摔课本、砸桌子，甚至是骂人、打人等近似疯狂的举动。对于这种学生，教师的一些正常管理行为，都可能导致师生之间的冲突；如果教师采取简单粗暴的处理方式，则可能导致悲剧的发生。这是令班主任最为头疼的一类学生，也是班级管理最难以突破的一个痛点，很多班主任遇到这样的学生往往会自认倒霉，选择放弃管理，听之任之；也有的班主任会"迎难而上"，与其做针锋相对的"斗争"，最终却落得个骑虎难下的下场。其实，如果班主任具有一点研究力，就会发现，这种学生，往往在生活中遭遇过突然的打击，也就是说他们极度缺乏安全感，他们的那种异于常人的行为，恰是一种过度的自卫。这种孩子有一个特点，那就是一旦认可了你、信赖了你，就会绝对服从你、迎合你。所以，这种孩子出现激烈的"暴力"行为时，也许正是你走进他内心的最佳时机，而一旦你走进了他的心灵，你的教育就注定收获了美好。

班主任研究力的培养，有两个渠道，一是阅读，二是教育写作。阅读是接受、吸收、借鉴别人经验的有效手段，可以迅速提高自己对教育问题的认识水平。而教育写作作为一种教育反思的方式，是教育研究最直接、最有效、最易被教师接受的一种研究形式。如果一个班主任可以把遇到的棘手问题当作研究的样本、写作的素材、反思的资源,他就一定能够在琐碎的教育生活中觅得一份幸福。

教育走到今天,再也不是过去那种粗放的、可有可无的生活附属活动,它已经成为每个家庭最为关心、社会各个层面最为关注的问题,既关乎民生,也关乎国计。在这样一个社会环境下,教育所背负的社会期望和压力越来越大,而这种压力最终会以各种形式转化为对教师能力的要求和考验,作为"担当最重"的班主任这一教师群体,肩负的东西自然也就会更多,这也就决定了班主任应该具有强劲的智慧力、灵活的执行力和深厚的研究力。

第四章
研究性写作：
建构教师的教育理念

　　研究性写作是指教师基于专业研究而进行的理论写作，或通过专业写作建构教育特色的实践行动。近二十年的教育写作，让我对教育的理解越来越深入。也就是在这样的反思中，我慢慢建构了自己的教育理念——叙事教育。叙事教育是一种基于叙事写作的教育理念，核心理念是"叙事可以影响并改变教育"。

发现故事的教育价值

无论是问题性写作还是专题性写作,从根本上来讲都是通过叙事促进教师的自我成长。而研究性写作,则是侧重于叙事对于学生成长的意义和价值。我关注故事的教育价值,是源于一次教育实践的意外事件。

源于一次意外的尝试

每个班级都会有"刺头"学生,就是那种油盐不进、浑身是刺的问题生。小A就是这样一个学生,打架斗殴、扰乱课堂,甚至还对苦心教育他的班主任动了手。班主任一生气辞掉了"主任"之职,去了另外一个班级专心做任课教师。于是,我被火线"提拔"为该班班主任。就这样,我成了小A的班主任,他成了我的学生。

相安无事不过几天,小A就又在班里与任课教师发生了冲突,并且言辞激烈。当班干部把我叫到教室时,他们已经到了即将动手的地步。看见我来,他先是沉默了一阵子。我以为教育的时机来了,便开口讲刚刚酝酿出来的开场白。话没说两句,他脑袋一歪,眼一斜,不屑地嚷道:"尊敬师长,遵守纪律……你烦不烦,这样的大道理我比你懂得多。"忍住怒气,我让他去办公室冷静冷静再交流。他大声质问:"我为什么要去办公室？我和你有什么可交流的？"忍无可忍，我上前打算拽他到办公室。他一个闪身，摆出一个武术动作，笑嘻嘻地说："怎么？想和我过过招，你知道老李（前任班主任）是怎么下台的吗？"看看他一米八还多的大个子，再想想他与好几位老师的交手经历，我犹豫了一下转身离开，打算去办公室打电话叫他的父母。身后的他一边跑一边嚷："大家快来看，老王被我吓跑了，他也不是我的对手呀！"

我真想追上去一脚把他踹倒在地。但是，那样做的后果是什么呢？

事后，我对这个问题进行了深刻的思考：从整个事件来看，学生肯定是存在问题的，对他的教育不仅必要而且重要；从学生的反应来看，教育的道理是正确的，学生不但认可而且熟知；从教育的效果来看，效果为零也可能是负数，最后的结局就说明了一切。由此可以看出，即使教育的内容再正确，如果教育的方法不当，也不会产生理想的教育效果。但是，对于小A这样的学生，软办法不灵，硬办法不行，新办法又在哪儿呢？

心有不甘，我对小A进行了彻底"调查"。原来，小A是一个读完初三又从初一复读的学生，学习成绩并不十分差，只是他刚到这个班里的时候，经常被其他男生嘲笑是个"留级生"，自卑和抗拒让他凭着身高和浑身的肌肉把他们一个个"征服"，小A成了班里的"老大"，打败对手成了他的唯一追求。颇有感触，我写了一篇文章《我不是你的"对手"》，表达了对他的理解："我真的不是你的'对手'，不是和你打架的'对手'。你真正的对手是你自己，你得打败你内心里的自卑，然后去寻找你真正需要的东西……"这篇文章在杂志发表后，我"很不小心"地把杂志落在了小A的课桌上。小A还杂志的时候，不好意思地摸着脑袋说："老师！嘿嘿！"

一个"嘿嘿"，让我找到了教育的感觉。从此以后，我坚持把发生在小A身上的故事写出来，找恰当的机会给他看。不好的事，我表示遗憾；稍微好一点的事，我大加赞扬。慢慢地，小A没有那么强硬了，"刺"也软了很多。时不时地，我找一些励志故事给他看，他也有事没事地找我聊天。再后来，我在他的作文中被写成了他最信赖的朋友。我知道，我终于走进了他的心里，用故事，一点点走进了一个坚硬、封闭的内心。

小A的转变，让我开始重新思考德育：在我们已经习以为常的强制、灌输之外，是不是还会有更好的德育路径和手段？于是，我开始了基于故事的德育实践，并在不断地摸索中有了收获和更深刻的思考。

把故事引入晨会

一天早晨，我准备去开晨会。刚到教室门口，就听见教室里小李喊："你这是'吃不到葡萄就说酸'，其实你心里太想看这本书了！""对对对！""吃不到葡萄说葡萄酸！"……一群男生随声附和。推开教室的门，喧闹声戛然而止，趴在桌子上正在生气的小陈没有看到我，还在那里辩解："我就是不屑看，你现在给我也不看了，肯定没有你说得那么好。"原来，小李从家里拿来一本流行小说，小说迷小陈自然是心里发痒，就央求小李借给他读。调皮的小李有意馋他，就是不给他看，于是便有了上面的那一幕。

最近，兄弟学校出了一起学生自伤事件。一个勤奋而要强的女生，在期中考试中又一次排名第二，成为班级第一的梦想再次落空。一直渴望得到冠军称号的她，伤心之余割了自己的手腕，幸亏发现及时才没酿成悲剧。针对这一问题，学校领导要求各班在晨会时间对学生进行生命教育。正愁如何开这次晨会的我，被刚才的一句"吃不到葡萄就说酸"点醒——《狐狸和葡萄》的故事能不能为我所用呢？灵机一动，我让小李讲了一遍《狐狸和葡萄》的故事。当小李绘声绘色地讲完后，我问同学们有什么想法。学生的回答出奇地一致：狐狸太虚伪了，总是为自己的失败找借口。其实，这怨不得学生，我们对这个故事的主流理解就是这样，无论是老师还是教科书，都把狐狸的这一做法看作是逃避问题的自欺欺人。见此情形，我对学生说："我倒不这样认为，我觉得狐狸是生活的智者，它使用的其实是心理学中的'酸葡萄效应'，也称为'合理化解释'。当我们因强烈渴望的东西无法得到而产生挫败感时，我们可以编造一些'理由'自我安慰，以消除烦恼、减轻压力，使自己从不满、不安等消极状态中解脱出来，保护自己免受伤害。这是人生的大智慧，并不是可耻的行为。"然后，我以学生自伤事件为例，告诉学生生活有很多种选择，千万不能钻了牛角尖，做出伤人伤己的傻事。

这十分钟，学生听得十分投入，并且参与度极高。由此，我再一次认识到故事的教育价值：一则好故事就是一条好的教育隐喻，都或明或暗地蕴含着某些教育元素。于是，我开始尝试把故事引入晨会，用故事告诉学生我对他们提出的要求。

班级事件的故事化

那时候，比较流行"量化管理"，就是把学生的言行举止用分数的形式进行量化。比如，"某某同学上课回头说话扣 5 分""某某同学代替值日生关窗户加 1 分"……诸如此类的班级事件用几个字简单概括，再标注上一定的分数，从而成为班级管理的一项内容。一个偶然的机会，我从其他同学那里听到了"代替值日生关窗户"的小凌的感人故事：小凌的座位在窗户附近，有一次值日生忘记关窗户，当天夜里下了大雨，把他的课本淋湿了。从那以后，他就坚持最后一个离开班级，如果发现值日生忘记关门窗、忘记倒垃圾，他就默默地做好。其实，他一直在帮助班里做事，光是门窗就代关过很多次，只是没有被同学们注意到而已。

而这次关门窗之所以被加了1分,是因为一场大风把其他班级的玻璃吹得粉碎,而我班的门窗完好。但值日生明明记得自己忘了关窗户,"追究"之下,大家才发现了小凌的"壮举",于是在班级日记中有了前面简单的记录。

我临时决定,第二天的晨会时间不再讲早已准备好的经典故事。第二天,当我把小凌的故事动情地讲完之后,班里爆发出热烈的掌声。一个平时沉默不语的小男生,马上成了班里的英雄人物。更令我惊讶的是小凌随后在学习上的巨大变化,以及班里涌现出越来越多的无名英雄。做好事不留名,在班里成为一种时尚。从此以后,我开始搜集班级事件背后的故事,找出前因后果及详细的情节,将一些看似简单的事件,演绎成一个个完美的班级故事讲给学生听。从事件到故事,丰富的不仅是细节和内容,更是事件的意义和价值——每一个事件都可以成为有价值的教育故事。

从此,我开始关注"班级故事"的开发:我讲班里发生的故事,讲同学之间的故事,讲班里每一个学生的故事,讲自己的故事。就这样,故事成了我班级管理的好助手,并从晨会走向了班会。

从讲故事到"德育叙事"

我把通过讲(写)故事对学生实施德育影响的德育手段称为德育叙事。故事是德育叙事的内容和工具,讲(写)故事是德育叙事的手段。选择什么样的故事,由什么人来讲故事,选择什么样的叙事方法,这些都是开展德育叙事的关键。

叙什么事

每一个故事都由事件和道理构成。从这个意义上来讲,故事比道德更具道德作用。当明白了这个道理后,我开始全面回顾、反思、梳理当前的教育中故事占据的位置。我发现,利用故事对学生施加教育影响,这不是创新更不是独创。在我们的中小学教材中,就收录了各种故事,比如"孔融让梨""囊萤映雪""愚公移山""乌鸦喝水"等等,这些故事具有很强的"德育价值",伴随了一代又一代儿童的成长。但是,由于这为数不多的故事零星分散于各个学段的不同学科中,没有形成一个有序的、有规划的育人体系,其德育效力大为减弱。为了更好地发挥故事的力量,我决定建立一个完整科学的德育故事素材库。为此,我阅读了大量的书籍,并动用各种力量,搜集具有德育价值的故事。不长的时间里,我手里积攒的德育故事达到了一千余篇,包括各种历史故事、童话故事、寓言故事、名人典故、伟人传记等。这些故事经过我的"叙事化"加工,成为我对学生进行道德教育的主要素材。为了更便捷地选取、使用故事素材,我又把这些故事按照德育主题分成感恩教育、集体教育等十大主题,每一大主题下又分成多少不等的小主题,初步形成了一个内容丰富、架构完整、系统完善的素材库。在很长的时间里,这个素材库成为我的德育"宝贝",为我的德育实践提供了鲜活的内容。

  随着时间的推移和故事使用频率的加大,这个素材库的弊端也渐渐暴露出来:里面的故事多为说教性极强的控制型故事,道德指向性明确,学生听得多了,慢慢就会产生心理厌倦,德育效果大大减弱。换句话说,这些故事都是"别人家的故事",听起来新鲜却不容易入心入脑。受小A的案例启发,我开始关注"我的故事"的开发:一是写班里发生的故事,讲班里每一个学生的故事;二是引导学生写同学的故事,讲自己的故事。就这样,我初步构建了"德育素材库构建主题德育,生本化故事完善生活德育"的双线德育叙事素材整合模式,依托科学完整的德育故事资源,成系列、成体系地构建德育骨骼,利用学生之间真实的、生活化的故事,丰润并优化德育的灵魂与血肉。如此,德育素材便一下子丰富起来,德育叙事日渐丰满。

如何叙事

如何叙事，从起步到成熟主要有三个方面的转变：一是叙事主体，二是叙事形式，三是叙事传播渠道。刚开始，基本上是我一个人在讲述故事。每到班会时间，我会根据班会主题的需要选择一两个故事，有针对性地运用这些故事对学生施加影响。这样的独角戏，我唱了足足有一年多的时间，班会模式的固定化让班会的吸引力明显降低，我的讲述也慢慢失去了吸引力。

有一次，我因为有紧急任务不得不中断刚刚开始的班会，委托一位同事代开。同事不擅长讲故事，便把我准备好的故事交给班长，让他自己想办法。班长便在班里征集讲故事的人。没想到学生的热情高涨，纷纷举手要讲故事。最终，经过竞争，一位同学争得了演讲权，不仅把故事讲得有声有色，还"擅自做主"添加了一个自己的故事。这件事，让我豁然开朗——自己讲故事，不仅累，还有可能出力不讨好，何不让学生成为讲故事的主体呢？从此以后，我便开始"放权"，故事的演讲者不仅有自己班里的学生，还有高年级的学生、已经毕业的学生，甚至低年级的学生；不仅有学生家长、学校领导、教师和校工，还有社会上各行各业的领军人物。他们叙事的形式特别丰富多彩，有口述，有表演，有视频，甚至有时会用声光电营造出震撼氛围。

最重要的是，叙事的时机不再局限于班会课和每天的故事时段，班级博客、QQ群、微信平台等提供了越来越丰富的传播交流渠道，故事漂流、故事沙龙、故事分享会等活动吸引了越来越多的学生和家长参与。在德育叙事成熟以后，我基本成了幕后人，德育叙事也完成了从"一个人的独角戏"到"大家演绎故事"的华丽转身。

叙事写作与叙事班会

德育叙事就是通过讲述故事对学生道德的形成施加影响的一种手段，故事只是嵌入其中的一种新鲜元素。十年前，我开始把故事的价值引入班会，启动了用故事改造德育的尝试，初步形成了叙事班会的基本实践。

为什么要系统研究叙事班会

班会课作为班级德育的主阵地，理应得到足够的重视和关注，也十分值得我们去实践和研究。但事实上，当下的班会课实施却存在着诸多问题，归结起来讲，存在以下两个方面的大问题：

一是各行其是，课程设置无系统规划。班会课是依据学生群体的成长共性，有规划、有主题、有系统策略的思想品德教育活动，具有预设充分、主题鲜明、共性突出、体系完整等特点。但是，在具体的教育实践中，无论是教育行政部门还是学校对班会课都很少有专门的实施要求，不像学科课堂教学那样有目标、有标准、有完整的课程体系，也不似学科教学管理那般有专门的研究、督导、考核机制，从而导致班会课始终处在各行其是的尴尬境地，班会课的开展与否、如何开展、开展什么内容，往往全凭班主任的个人自觉。

另外，我国的中小学班级管理属于兼职工作，是一项烦琐艰巨的额外任务。本就承担着繁重教学任务的班主任，往往会因为工作压力、自身素质及专业能力等综合因素的限制，在班级管理中无意识地倾向于"容易化"选择，尽可能使用简单、易操作的方式开展班级活动，从而导致班会课设计存在碎片化、随意化现象。绝大多数班会课因班主任"某时某刻"的想法而孤立存在，缺少完整、系统、持续的整体规划，更没有形成科学严谨的德育教育体系。这种"偶尔想起""想当然"式的班级德育，导致学校品德教育工作不能够根据学生身心特点、认知水平和德育规律系统开展，无法实现德育促进学生完整、完全、完美发展的目标。

二是课中无人，课堂教学不具人文性。当前的班会课普遍存在强制灌输、空洞说教、枯燥乏味等现象，问题的呈现手段脱离学生思想和生活实际，缺少科学性和趣味性，学生很难接受和融入，教育的人文性严重缺失。更有甚者，班会课被简化成了"会议传达课""领导训话课""工作安排课"，被异化为"作业课""自习课""辅导课"，甚至沦为学科教师临时补课的"公共待用时间"。这种"课中无人"的德育形式，僵化生硬、雕琢痕迹明显，身在其中的学生无法获得真实的情感体验，更鲜有心灵的互动与触动，教育效果必然会大打折扣。

而这一点，也是促使我们下决心对班会课进行"叙事化"改造的最重要因素，我们希望通过故事的融入，让班会课有血、有肉、有情并具有意义。我们所倡导的叙事班会，有着明确精致的德育目标、完整系统的道德教育体系，并倡导教师主体的实践与建构。特别是在德育手段上，叙事班会不是停留在理性总结和简单告诫的层面，而是通过对故事用心、用情的艺术化呈现，勾连切入学生的学习、生活实际，激发学生内心情感的强烈共鸣、共振，使强迫式德育转变为学生对内心道德的自我修复与价值强化。这样的"以事入心、怡情入理"的班会，让学生在情境、事理、体验和感悟中得到洗礼、教化和浸染，让道德教育自然而然地走进了学生的心灵。

怎样整体规划叙事班会

在课程设置标准中，班会课属于校本课程，学校对班会课的开发及建设具有很大的自主权。对于班会课来说，这种"身份"有利有弊：利在于，学校可以根据教育教学实际以及学生发展现状，自主制定学校的德育体系，让德育更接近、贴近学生实际生活，更具有针对性和实效性；弊在于，没有上级教育主管部门指导监督的校本课程，很容易被有意忽视，往往会处于可有可无、顺其自然的原生状态，甚至成为名存实亡的一门课程。所以，班会课建设的优劣取决于一所学校对德育的重视程度，也受限于学校领导的德育课程领导力。我在学校工作时，曾经分管过几年德育管理工作，在大多数学校都漠视班会课的存在时，我在自己的学校做过一些有益的尝试，现将一些实践做一个简单的梳理。

一是以校为本，形成学校德育主题。在我国，国家和地方各级政府、教育行政部门都对中小学生德育有所指导，也出台过一些对德育内容和目标进行规划、规定的文件，但大都停留在宏观的上层建筑层面，并无细致具体的德育指导细则。这种宏观指导，很明显不能被每一所学校拿过来直接使用。因此，各校都应该在遵循、遵守各级文件精神的基础上，根据学校自身特点、发展现状及师情、生情，提炼出本校的道德教育纲领性主题。

当时，我所在的学校是一所处在城乡接合部的九年一贯制学校，学生大都是外来务工人员子女。从整体上看，学生的基本素质较低且差距较大，绝大多数学生做人、做事、学习能力较差。针对这种情况，我们在整体研究各级德育要求的基础上，提出了"学会做人、学会生活、学会学习"的校级德育主题，并把三项德育主题细化成二十四项意识或能力要求。以"学会做人"为例，我们把它分解为自我意识、集体意识、劳动意识、责任意识、担当意识、公民意识、国家意识和国际理解能力共八个小项，每一个小项都有具体的德育目标、德育内容、德育评价。通过这样的细化分解，我们就形成了以"三个学会"为主题的"三大项二十四小项"德育目标要求，作为学校德育工作和班会建设的操作性纲目，列为学校德育工作的纲领性理念，统领学校德育工作。

二是以班为本，规划德育月度主题。班会课最理想的状态应该是作为班本课程出现——各个班级针对班级实际和学生实际，制定出具有班级特色的月度德育主题。为了实现班会课班本化的目标，学校统一规定了详细的班级月度主题制定方案，指导各班班主任依据学校的德育主题，从二十四小项德育目标中选择、组合，形成自己班级的全年班会设置计划，确定自己班级各个月度的德育主题。这样一来，全校各个班级的总体任务和德育要求达到了高度统一，但是各个班级各学年的班会计划又各有不同、各具特色，初步实现了班会课建设在整体规划上的班本化。

各班级在选择、重组月度德育项目时，需要重点关注以下四项：一，关注学生的认知水平，设置与学生认知水平相适应的德育要求；二，关注学生的发展现状，各个班级应该根据班级现状，优先选择当下必需的、迫切需要解决的教育目标，并形成自己的体系特色，即同一年级的各个班级，在同一月度的德育主题应该有所不同；三，关注月度内的重要节日，要尽可能让重大节日、传统节日的德育意义与月度主题相契合，充分发挥"关键事件"的德育价值；四，关注假期德育，每年的寒假和暑假，班级无法开展常态的主题班会活动，我们便提倡"绿色暑假"和"金色寒假"活动，把整个假期设计成一个大的主题班会，开展更加有深度的德育活动。

三是以生为本，提炼每周班会主题。每个班级的德育月度主题确定之后，班级德育和班会设计就有了系统的规划和科学的顶层建构。但是，每个月度主题通过哪些班级活动来实现，需要召开怎样的主题班会？主题班会的主题又分别是什么……这一系列问题是班会课走向班本化的重要步骤，也是班主任设计班会能力的集中展示。因为，一个班主任是否可以围绕月度主题科学设计系列班会，这些班会的主题是否能够促进学生的生命成长，是否能够落实德育整体目标，绝对不是靠跟风、随潮流就可以做到的。这些问题的解决，更考验班主任提炼班会主题的能力和素养。

班会主题从哪里来？从班级问题来。班级问题就是立足对学生的真切了解、站在学生发展的角度、从学生的行为表现中总结出来的，符合一个班级学生实际的教育问题。班级问题被发现后，班主任要做的就是透过这些问题看到班级需要（在当下的班级发展中学生需要什么、班级需要什么，如何才能让全班同学都往一个更好的方向发展），然后从这些需要中提炼出本周的德育主题，也就是班会主题。这样一来，每个班级的每次班会主题都是由学生问题衍生出的，同时又存在于整体的德育规划之中，既保证了班会主题的鲜活性，又满足了德育体系建设的统一性。

什么是叙事班会

我时时在思考这样一个问题：德育为什么会这样苍白无力？

扪心自问，我们的德育目标不可以说不明确，德育内容不可以说不丰富，德育对象不可以说不聪慧，为什么德育效果如此不理想呢？这或许是因为，我们没有找到德育目标、德育内容与德育对象（受教育者）内心之间的对接点、融合点、接合部，没有找到一种能够让三者完美契合的德育实施手段。在多年的叙事研究中，我们发现故事是最容易走进学生内心的元素，德育叙事是德育目标、德育内容和德育对象的最佳接合点。因此，我们积极推进用故事改造班会的教育实践，逐渐形成了叙事班会的理论和设计策略。

叙事班会是围绕一个教育主题，有目的、有组织、有策略地呈现具有教育意义的故事或生活事件，调动学生对故事（事件）的积极体验、唤起情感上的共鸣，影响和促进学生品德发展的一种班会形式。就这一概念，我们可以做以下理解——

基本主张：讲故事永远要比讲道理打动人。叙事班会与常规班会的最大不同就在于德育实施手段的不同，常规班会往往以讲道理为主，把空洞乏味的人生道理强硬灌输给受教育者；叙事班会则是通过鲜活生动的故事把人生哲理、生活道德传递给学生，通过故事的浸润达到"大教无痕"的境界。实践证明，故事能够让思想教育变得温润、细腻、生动活泼，也可以使原本枯燥的课堂变得生机勃勃、诗意盎然。

特别强调：故事是叙事班会的根基而不是点缀。很多人在设计班会课时也会用到故事，比如班会课开始时利用一个故事导入、课堂中间利用一个故事来增加情趣、班会课结束时利用一个故事来点睛提升等等，这种把故事作为课堂设计调味品的班会课不是我们所讲的叙事班会。真正的叙事班会，故事是课堂设计的主素材、主背景、主基调，自始至终主导教育实施的全过程，决定对学生道德影响的主方向。

故事的呈现不只是讲述。从字面上看，叙事就是讲故事，但这里的"讲"并不局限于讲述，更不是单纯的口头讲述。确切地说，叙事就是采用合适的方式来呈现故事。故事的呈现方式有很多种，除了文字或语言讲述以外，情景剧表演、微电影、绘本、话剧、戏曲等都可以成为故事呈现的方式和手段。无论使用何种手段，都应以帮助学生内化故事为主要目标，而非单纯追求形式的新颖或独特。

叙事班会的设计类型与方法

一节叙事班会课的成功与否,在于是否选取了恰当的故事、进行了恰当的加工、指向了恰当的教育主题。选用什么样的故事,进行怎样的设计,是一项值得每一位班主任潜心研究的事情。经过多年的实践,我们重点研究开发了两大类型的叙事班会,并在每一类型内,摸索出了不同的设计方式方法。

单一故事型

在大多数情况下,一节叙事班会只需要一个故事就可以满足设计需求。故事不同,对故事的挖掘与开发也就不同,下面我介绍三种常用的单一故事开发方法。

勾连生活实际。有些故事本身就具有明确的价值判断或者意志导向,其情节的逐层发展又符合学生的认知递进梯度,这样的故事就可以直接拿来作为整节班会的素材主线。只不过,叙事班会的目的并不是围绕故事本身进行声情并茂的讲述,而是要将故事的德育内涵与学生的生活实际进行恰当的联系,让学生在与他人经验的比较中修正自己错误的价值取向,自我强化正确的道德行为。简单地说,就是要让故事不断与生活实际相勾连,让学生在体验中思考,在思考中感悟,在感悟中重构。比如,《两只蛋的爱情》这个绘本故事,讲述了两只蛋从懵懂相爱到最后理性分手的整个过程,并提出了"你看,感情破裂不一定非有什么理由,可能只是因为——岁月在变迁,彼此在成长……"的观点,无疑是早恋主题班会课的一个绝好故事素材。按照故事情节的发展,研究者把故事分解成三部分进行讲述,并在每一部分设计了勾连生活实际的问题,开发了经典的叙事班会《故事告诉你,爱情是什么》,让学生在与故事的共鸣、共情中明白了爱情的真谛,懂得了爱情之花在合适的时间绽放才能美好而芬芳的道理。

道德两难讨论。有些故事或事件本身无法进行价值判断，揭示的问题具有"两难"性，容易产生"鱼和熊掌不能兼得"的选择困境，这样的故事我们称为"道德两难故事"，它是我们开发叙事班会的一种重要素材。在实践中，我们以道德两难故事为基本材料，让学生对故事中的道德问题进行讨论并回答围绕该故事提出的相关问题，以此来诱发学生的认知冲突，促进积极的道德思考，从而提高其道德判断能力和道德践行能力。经典的"两难故事"有很多，比如科尔伯格设计的系列两难故事。但是，班主任更应该学会在班级生活中发现"两难事件"，然后以故事的形式设计到班会中。例如，我曾经遇到过这样的事：班里发生了一起"盗窃案"，一个同学丢失了一支比较名贵的钢笔，是他叔叔送的生日礼物。很久以后，班长在自己好朋友的家中无意中发现了那支钢笔。追问之下，好朋友承认偷了钢笔，但是因为特别喜欢，并不想归还，而且恳求班长替自己保守秘密。朋友情谊、班长职责和检举偷盗者的责任，三者之间纠缠不清，让班长很是纠结，他便匿去朋友名字讲了自己的苦恼，问我应该怎么办？我把这个事件演绎成一个童话故事，并以此设计了一节班会，成功消解了班长的困惑，还顺利解决了班级盗窃事件。

多维故事续说。有些故事的结局具有开放性，一些经典故事的结尾具有时代的可变性，这样的故事可以通过"多维度续说"的方式拓展、拓宽故事的德育价值。在对学生进行安全教育时，我们曾经设计过"遇到坏人，如何保护自己？"的班会课。在这节课中，我们借用了《狼和小羊》的故事，让学生在"说着，狼就往小羊身上扑去……"之后进行故事续说。学生参与积极性很高，纷纷讲述了自己理解的故事结局。

1. 小羊机智地说："狼先生，你看你后面是不是大老虎来了？好像大老虎在追赶一只小狼！"狼先生吓得赶紧往后看，心里想，老虎追赶的是不是自己的孩子呢？趁机，小羊赶紧悄悄地溜走了。

2. 小羊可怜巴巴地说："亲爱的狼先生，我这么瘦小不够您吃的。我带您去我住的地方，那里还有三只小羊，这样您可以多吃一点，好吗？"狼听了，觉得小羊说的有道理，反正小羊已经逃不掉了，就说："那好吧！你在前面带路。"小羊把狼带到了猎人设下陷阱的地方，小羊绕过陷阱向前走，而狼从陷阱上面走过去，只听见狼一声惨叫掉进了陷阱。小羊高兴地回家了。

……

由此，学生们一起归纳出了诸如"想办法转移坏人注意力""适当示弱博得信任"等十几种逃避伤害的办法，班会的课堂气氛异常活跃，学生融入度十分高。

多重故事型

有的教育主题很难通过一个故事完成设计，需要多个故事进行系统关联才可以实现教育价值的丰富与教育意义的丰满。这种由多个故事共同参与的班会课，其设计方法与思路各有不同，但也有基本的思路可循。

递进式关联。在设计叙事班会课时，我们通常会采用一个故事揭示德育主题、一个故事解读德育主题、一个故事深化德育主题的方式，让多个故事层层递进，形成一条完整的德育故事链，共同完成某项主题教育。甚至，在每一个教育链接点上，可以同时包含多个小故事，以共同阐释必要的教育内容。李丽老师在对学生进行人生规划教育时，曾经设计过一节叙事班会课"昨天·今天·明天"。整节课叙述了A、B、C三个同学在四个不同场景中的生活状态，实际上呈现了十二个小的故事情节。通过对这十二个小故事的配对组合，用叙事的方式展现出人生的多种可能性，继而引发学生思考"为什么会有这样的不同人生"，继而引导学生开始规划如何实现那个未来的、理想的自己。这样的组合叙事，以关联递进的方式展示了多种人生的可能性，给学生耳目一新、身临其境的感受，对学生的心灵触动极大，产生了极强的教育效果和效益。

平行式聚焦。有的教育主题，可以从多个角度进行诠释或多个维度进行推证，对于此类主题，就可以采用多个故事，从不同的视角、不同的方向进行聚焦式解读。这种设计方式与"递进式关联"不同的是，课堂中使用的故事彼此之间不具备递进关系，而是平行并列朝向一个共同的问题点，说明同一个教育主旨或德育问题。比如，母爱本是一个无法丈量、无法定义的概念，想说明母爱的课堂往往容易流于空泛的抒情。我们在设计关于母爱的班会时，为了从不同方面展示母爱的真、善、无私与宏大，精心挑选了《母爱的对峙》《母亲练习喝咖啡》《卑微母亲的眼泪》《不认识母亲》四篇故事，用不同的方式呈现给学生，收到了意想不到的效果。

实践至今，我已经在叙事班会的研究道路上走了多年，叙事班会研究团队也已经成立并展示出勃勃生机。我相信，这份源于对现有班会现状不满意而来的研究激情，可以支撑叙事班会研究团队在学校班会整体规划与叙事班会个案的独特开发上，走得越来越远。

叙事写作与国旗下讲话

"给教育一个故事,让改变发生",是叙事教育的核心理念。主题班会的故事化改造成功以后,我开始把目光转向了"国旗下讲话"的故事化变革,并进行了深入系统的尝试。

每个周一的早晨,学校都会举行升国旗仪式。在庄重、严肃的仪式之后,学校往往都会举行"国旗下讲话"活动。在很多人看来,国旗下讲话是升旗仪式的一部分,也需要弄得隆重而严肃。其实,这是一个误解。正式的升国旗仪式是不存在"讲话"这一环节的,比如隆重的天安门升旗仪式,再比一些国家机关的升旗仪式。

学校的升旗仪式之后,之所以要加上一个"讲话"环节,与学校教育的特殊需要有关。我们都知道,升旗仪式既是全校师生集中活动的时间,又是师生一周学习、工作的开始,这正是举行全校性的主题教育活动的最佳时间:一方面,学校不需要再专门组织师生集会,大大减少了学校集会活动过程占用的时间,节约了时间(特别是现在学校规模普遍偏大,集合一次费时费力);另一方面,周一是起点,是师生集体起航的时间,需要有一种统一的激励、启迪和召唤,让每一个生命获得鼓励的机会。

其实,在升旗仪式之后加上"国旗下讲话"这一德育活动,是教育领域的一大创新。但事实上，这一活动的教育性却没有我们设计得那么理想，更难达到教育学生、启迪智慧、涵养德行的教育主旨。究其原因，大概有三个方面值得我们关注：

一是谁来讲。一般学校的国旗下讲话是由学校领导来讲，往往比较严肃。更有甚者，讲话人的讲稿都是由他人代劳，讲话者只是照本宣科、泛泛而谈。这在无意之中就让国旗下讲话带有了居高临下、教条僵化的味道。对于学生来说，接受这样的教育味同嚼蜡，肯定提不起任何兴趣。如此的讲话，效果自然大打折扣。

二是讲什么。大多数的讲话内容脱离实际，无针对性。有些讲话内容是截取了历史的、崇高的、伟大的人和事，这些内容虽然很经典，但是与学生的生活、学习实际相差甚远，学生难以产生情感共鸣；有些讲话内容是高屋建瓴式的通用稿，讲的是大道理、大事情，铺陈的是大场面、大排场，没有针对学生的年龄特点和认知规律，学生要么听不懂，要么不想听。这样的讲话内容，学生难以在其中找到自己需要的东西，自然也就不愿意接受和聆听，从而导致"讲得热火朝天，玩得亦热火朝天"的尴尬局面出现。

三是怎么讲。多年来，国旗下讲话一直秉承着"讲话"的庄严性，经常是领导手持稿子高谈阔论，一个腔调完成所有讲话内容。整个讲话过程中，没有感动，没有波澜，没有情节，更没有和学生的沟通、交流和互动，导致国旗下讲话的教育活动越来越标签化和表面化，学校教育的目的就很难实现。"严肃有余，活泼不足"往往是国旗下讲话的通病，也是其教育功能日渐减弱的主要原因。

其实，国旗下讲话是活动不是仪式，完全没有必要像升旗仪式那样追求严肃和庄重，而应让学生在讲话活动中有所触动、有所感悟、有所思考，这才是活动本身的追求和价值。所以，我针对以上三个问题，对国旗下讲话活动进行了一系列的改造。

一、谁来讲：校长的课堂

校长要不要代课？这个话题被讨论来讨论去，最终也没有什么具体的结果。其实，各级教育行政部门和人事部门早有了定论：学校管理人员必须代课，代课量必须达到常规工作量的二分之一（也有规定为三分之一的）。于是，学校的管理人员们纷纷代课了，但大都是代一些无关痛痒、只挂在课表上的课。这样的课，一般是写在课程表上迎接上级检查的，是那种国家课程标准规定开设，但学校一般都敷衍了事的课；这些课时，平时都被一些主科教师"瓜分"了，根本就没有上。但是，自从有了教干代课制度以后，这些课就有了任课教师，只不过这些任课教师是从来不上课的，挂名而已。

为什么会出现这样的问题？这是因为行政部门规定校长代课，是站在教育均等、公平的角度来要求的，是站在管理的角度而非教育的角度进行的规定，并没有告诉校长们必须代什么课。而学校的管理者们是站在现实的角度来想的：我们天天忙得脚不沾地，还让我们代课，可能吗？今天的校长，绝不只是一个教育管理者那么简单，迎来送往、各方应酬让他们每天疲惫不堪，哪有什么心思代课呢？退一步说，即使是让他们代课，代什么课呢？代他们以前的专业课吗？再说，教师工作是一项系统的艺术，怎么可以分成几分之一？二分之一的教育怎么搞？并且单从工作量的分配上来看，让校长承担二分之一的工作量，那另外的二分之一又给谁呢？

那么，我就有了一个建议，校长必须代课，但不是代一般的文化课，而是他们自己应该代的一门课——国旗下讲话。

我认为，校长不仅是学校的管理者，更应该是学校的精神领袖，应该引领学校师生的精神走向。而引领精神的走向，完全可以通过德育活动来实现。国旗下讲话是全校唯一固定时间、固定地点、全员参与的一种德育活动，为什么不能成为校长们发挥影响力的一个机会呢？假如，校长们把国旗下讲话进行系统地规划,通过"讲话"把自己的办学理念和教育思想传递给师生,岂不是起到精神领袖的作用了吗?这样一来,校长代这节课要远比去代几节文化课,影响几个班的学生更有价值。因为,校长的职责是影响全校师生,而不仅是几个人,几个班。所以,如果我们把国旗下讲话作为课程来开发,作为课堂来实施,那么校长无疑就是最合适的开发者、实施者。国旗下讲话,必定是校长发挥教育影响的理想阵地。

校长是国旗下讲话的策划者与实施者,但这并不意味着所有的"讲话"都要由校长来讲。在这样的课堂上,校长是"主教",还应该有很多的"助教",校长完全可以根据教育主题的需要,邀请不同的人做主讲。比如讲勤俭节约,就可以邀请食堂师傅来讲;比如讲校园与人身安全,就可以邀请警察来讲;比如讲社会知识,就可以邀请学生家长来讲……但无论如何,校长应该是"主谋",是策划者、主导者。

由此可见,国旗下讲话完全可以开发成一门校本课程,并由校长亲自开发实施。从另一个角度来说,无论校长代什么课,都不如代这一门课更适合、更贴切。但要谨记的一点是:国旗下讲话,不仅仅是讲话那么简单,它应该是一门课程,是一种课堂,专属于校长的课程和课堂。

二、讲什么:故事是主导

只要是上过学的人,都参加过升旗仪式,都聆听过国旗下讲话。但是,绝大多数人对国旗下讲话所讲的内容并不感兴趣。许多人认为,国旗下讲话只是一个形式,只是一种过场,不仅空洞无物,而且枯燥乏味。

原因在哪里?"讲话"过于正式,过于僵化,说教味太浓。怎么改变这个局面?讲话者应该想想学生喜欢听什么,学生喜欢看什么,学生喜欢以怎样的方式接受积极的正面教育。

答案其实很简单,学生喜欢听故事,老师也喜欢听故事,任何人都对故事带有一种天然的情愫。那么,能不能把大道理"掺杂"在故事中传递给学生？答案是肯定的。具体来说，国旗下讲话使用的故事可以有以下几个来源：

一是实用的校园故事。人往往最喜欢关注身边的人和事，如果校长讲话时能够用自己观察到的好人好事、坏人坏事作为故事素材，然后根据需要，用合适的方式表达出来，就会吸引学生的注意力。比如某个学生做的一点好事，某位老师的一个优雅细节，某位校工的感人举动等等。因为这些人就在学生身边，这些事就发生在他们的生活之中，对他们的触动更深刻、更真切。另外，如果校长长期讲学生身边的小故事，还会给学生带来一种期待——也许在下一次国旗下讲话中，自己就会成为主角。这何尝不是一种巨大的教育力呢？

二是优秀的传统故事。中国五千年的文明为我们留下了大量教育意义非凡的传统故事。这些故事经过筛选和挖掘，就可以成为我们的教育素材。其实，儿童的很多品质和素质就是在父母的故事中慢慢形成的。在我很小的时候，我的母亲就是一个讲故事的高手，虽然她讲故事的主要目的并不是教育我，而是哄着我替她去做一些力所能及的家务活。但是，在她的故事的浸润下，我自主地、不知不觉地获得了教育。比如，我现在注意积累和记录自己经历的习惯，大概就是源于她讲给我的"黑瞎子掰玉米"的故事。家庭教育如此，学校教育更应如此。

三是经典的名人故事。国内外的名人，大都有比较经典的故事流传下来。这些故事往往会呈现他们某一方面的优秀品质，这本身就是绝好的教育素材。如果我们能够深度挖掘此类故事的教育价值，不仅可以培养学生的良好品质，更可以为学生树立人生的标杆和榜样。比如，在对学生进行"宽容"主题教育时，完全可以引用美国国务卿希拉里的故事。2003年，希拉里出了一本书，美国著名节目主持人卡尔森认为这本书肯定没多少人买，并在电视节目中公开扬言："如果销量超过100万本，我就把鞋子吃下去。"没几天，这本书的销量就超过了100万本，这让卡尔森处于两难境地：吃鞋子肯定很难做到，不吃就会食言，怎么办？这时，希拉里亲自定做了一双鞋子让卡尔森吃下去，帮助卡尔森兑现了诺言。但，那双鞋子，是一双用巧克力做成的美味"皮鞋"。

当然，这需要校长们有善于观察的眼睛，多去发现身边的美好；还要有善于积累的心，多留意并储存那些美好的故事。

三、怎么讲：从讲话到课堂

讲话，从日常中体会是一个很严肃、庄重的概念，比如某某领导在讲话、某某在某某场合的重要讲话等，多具有规训、指示等意味。但国旗下讲话是学校教育的一种方式，绝对不能走向教条和训诫，而应该符合学校教育的规律和方法。前面我们已经提到，国旗下讲话的故事化、课堂化改造，就是希望学校能够把国旗下讲话做成校长的故事课堂。

既然是课堂，就应该有现代课堂的味道。那种满堂灌、空说教的课堂既然早已为我们所抛弃，那么一个人的"讲话"也就必须改变。也就是说，我们探索的国旗下讲话，是一种以讲故事为主，以师生互动交流为基本形式的国旗下课堂。这种课堂式的讲话，一般要做到三点：一是校长在讲故事时必须引导学生积极参与，要让学生学会对故事内容作出评价，要引导学生对教育内容作出积极的反应——对的为什么对，错的又错在哪儿；二是校长必须作出明确的价值判断，清楚地向学生传递自己的某种期待和要求；三是要让学生感到校长就在他们身边，一直在看着他们、关心他们、维护他们，一直在期待着他们的表现。

叙事写作与叙事德育

最初,我喜欢写教育叙事,故事对我来说就是写作的素材。后来,故事走进了我的班级管理,主导了我的德育实践,让我对"叙事德育"的理念与实践有了更加透彻的研究——这就是我的"叙事德育"实践之路。

什么是叙事德育

2010年,我开始把故事引入到"国旗下讲话"之中,逐步把"慷慨激昂"的领导"讲话"变成"讲故事"。就这样,被叙事化改造后的"国旗下讲话"也成了德育叙事实践的途径之一。基于此,我便打算把个人长期以来的德育叙事实践进一步提升,形成一个系统的、可操作性强的德育模式,以便让更多的班主任能够接受、理解并付诸实践。于是,我在"德育叙事"的基础上,提出了"叙事德育"的教育理念。

所谓"叙事德育",是指教师通过叙述具有教育意义的故事或生活事件,影响和促进学生进行自我道德建构的一种德育理念,是教师对学生进行思想道德教育,促进学生品德发展的有效策略。从实践的价值上来说,它不是简单地叙述一个道德事件,而是要在道德事件叙述的基础上,对事件本身所蕴含的道德价值观加以分析、讨论、提炼，从而让学生理解人生、理解自己、理解他人和社会，进而达到道德自我建构的目的。

叙事德育的教育价值就在于它的"软德育"特质，是要让学生在听故事的过程中，对故事有所感触，因感触而有所感动，因感动而有所感悟，受到启迪，促进品德的内化，达到教育的目的，实现一种柔性的道德教育。叙事德育与传统的道德教育相比，有四个基本特征：一是以故事为基本内容，通过故事营造的德育环境来引发实施道德教育的契机，让故事以更加隐蔽的形式来触动学生的心灵；二是以叙述为途径，通过对故事进行形式多样的加工和改造，让故事以更加鲜活的方式来走进学生的心灵；三是以共情为特点，通过故事情境的再造和对故事情节的渲染，让故事激励学生的心灵；四是以明理为目的，通过对故事德育价值的理性植入，让故事引导学生的心灵。

叙事德育的基本策略

叙事德育作为一种学校德育模式，不仅有其独特的理念和主张，更有着科学规范的操作模式。现在我结合自己的实践略加说明。

系统规划学校德育，明晰德育目标和主题。学校德育实施者要根据学校教育教学实际，提炼出具体的德育目标要求，作为学校德育工作的操作性纲目，并列为学校德育工作的纲领性理念，统领学校德育工作。在此基础上，根据每个月的重大节假日及德育需要，大致划分月度教育主题，初步形成月度教育方案。

寻找确定主题故事，启动"故事大课堂"。在月度主题确定以后，叙事德育实施者就要寻找和挖掘与主题相关的德育故事，利用每周一的国旗下讲话启动"故事大课堂"。也就是说，我们把常规的国旗下讲话进行叙事化改造，使之变成以讲故事为主的"故事大课堂"，开启全校的一周德育主题。

比如，我们通常把 11 月份列为"做最好的自己"主题月。某一天，我在校园巡视时发现一位班主任在处理两个闹矛盾的同学。无论班主任怎么规劝，一个学生总是强调是对方先骂了他，然后自己才打对方，并认为是理所当然的事情。看到这里，我马上想起了一个故事《保持自己的水准》，并迅速做好了"故事大课堂"备课工作。到了下一个周一早晨的升旗仪式，我主讲了"故事大课堂"。首先，我不点名地讲了自己看到的这件事，然后问，同学们有没有经历过类似的事情呢？学生都笑了，有的大声说："有！有！有！"接着，我为他们讲了一个故事：

> 有一位教授，带着小儿子到市场去买水果，在水果摊上挑选水果时，小贩很不耐烦地说："先生，你到底买不买？不要这样挑来挑去的。"教授礼貌地回道："要买！要买！"接着把挑好的水果交给小贩，并问多少钱？小贩不以为意地说："这可是很贵的哦，你买得起吗？"教授依旧谦虚地回答："买得起，买得起。"并把钱递给小贩。在回家的路上，小儿子一路沉默，快到家时，实在忍不住，便问道："爸爸，您是教授，是学者，在我心目中是偶像，是令我景仰的人，为什么今天却让小贩如此吆喝？难道您一点儿也不生气吗？"教授回答道："待人有理、谦虚、礼貌是我的水准，无礼、势利是小贩的水准，我不能因为一个粗鲁的人，而破坏我自己的水准。"

然后，我通过与学生的深度交流，让学生明白了一个道理：一个优秀的人，不能因为别人做得不对就跟着去做错误的事，更不能因为别人做错了就以更错误的方式对待他人。因为那样，你就降低了自己的水准。

围绕"故事大课堂",召开叙事型主题班会。由国旗下讲话改造而来的"故事大课堂",是开启一周主题教育的主要阵地,而真正深度落实主题教育的阵地应该是每个班级召开的主题班会。在下午的班会之前,每位班主任要结合"故事大课堂"揭示的主题,进行叙事型主题班会的备课,以配合叙事型主题班会。

叙事型主题班会,是指围绕一个教育主题,有目的、有组织、有策略地呈现具有教育意义的故事或生活事件,调动学生对故事(事件)的积极体验,唤起情感上的共鸣,影响和促进学生品德发展的一种班会形式。叙事班会与常规班会的最大不同就在于德育实施手段的不同,常规班会往往以讲道理为主,把空洞乏味的人生道理强硬灌输给受教育者;叙事班会则是通过鲜活生动的故事,把人生哲理、生活道德传递给学生,通过故事的浸润,实现"大教无痕"的效果。

亲子共享,让故事走进家庭。主题班会结束后,学生要将本周"故事大课堂"上老师讲的故事和主题班会上班主任讲的故事带回家,与父母分享。根据学生的年龄段不同,这种分享可以有不同的标准要求:对于小学一二年级的低学段学生,只要求他们向父母大概复述学校里听来的故事,并请父母再讲一个故事给自己听,实现父母与子女的双向讲故事即可;对于小学三四年级的中学段学生,不仅要求他们能够清晰地复述故事,还要学会与父母交流,耐心聆听父母讲的故事,同时尝试讲述自己身边发生的类似故事;对于小学五六年级及初中学生,除了要求能够复述、交流、聆听故事外,还要写出一个相关的主题故事,之后由班级收集起来,制作电子故事集。

如此,故事便以德育主元素的形式进入到学校德育之中,并在时间、空间、人物和事件四个维度进行了拓展。时间维度上,故事从周一早晨开始,贯穿周一全天,并延伸至全周,自始至终影响、陪伴学生生活;空间维度上,故事从升旗仪式的特定地点,扩展到教室、校园乃至家庭,直至扩展至社会；人物维度上，讲故事的有校长、教师、家长和学生；事件维度上，整个德育过程，不仅有讲故事，还有讨论、交流和总结，甚至辩论和质疑。这样，叙事德育就真正放大了故事的德育价值，成为一种有意义、有温度、可操作性强的德育模式。

第五章

叙事者：
带给更多人成长的可能

寒假，你敢挑战吗？

让更多的人因写作而改变，一直是我的最大心愿。为了让更多教师可以在写作中成长，我在寒假期间发起了一个写作挑战活动，目的是寻找到一群真正喜欢写作的草根教师，以期验证教育写作对教师成长的影响力。

从逼自己开始

很多人之所以一辈子碌碌无为,有时候不是因为没有走向优秀的能力,而是因为没有逼自己一把的勇气。而你不逼自己一把,就根本不知道自己有多优秀。

坦率地逼自己一把

前段时间,我到学校进行年终督导,与一位学校领导聊到了教师成长问题。这位领导说,现在的青年教师,也就刚刚毕业的那一两年还想着把工作干好。那一两年里,他们虽然没有什么经验,但是不缺激情和热情,都有一股子干劲儿。三五年后,有了点经验,按说应该是到了出成绩的最佳时期,他们却又不愿意干活了,磨洋工,熬日头,那种混日子的劲头绝不亚于即将退休的老教师。我问:"为什么会这样?"他笑笑说:"那还不是因为人熟了,不用再端着自己证明什么了!"这句话的意思,我隐隐约约地能够感觉到,却又无法用语言准确地表达出来。大概是说,经过一两年的努力之后,每个人的好孬优劣都有了差不多的定论,这些年轻人也就在单位里找到了自己的位置——不仅是自己认可,就连周围的同事和领导也都已经习惯。

按理说，老师们找到了自己的位置，就少了很多同事间的摩擦和碰撞，从稳定局面的角度来说应该是一件好事，这位领导为什么还会为此大伤脑筋呢？大概，一个人过早地确定自己的位置也有弊端。人，一旦有了明确定位，就不会再去折腾，也不愿意再去拼、去闯，整个人可能就会进入发展的停滞期。一个人，倘若不想着去超越，用不着去较劲了，灵魂和心情都会变得安逸、稳当，行走的方式也就变得悠闲缓慢。这样的境界，说得好一点是优雅地生活，说得通俗一点就是"认命"。认命了，也就没有了挣扎，当然也就没有了激情和创造。"知天命"是人的一个年龄阶段，对于个体的人来说，成长到某个可以安逸的时段，适可而止地"认命"是人生的智慧。而对于一个群体，集体化地"认命"则是一件可怕的事情。它意味着一群人的滞留不动和团队生命的枯竭，这或许就是领导担忧的原因之一。

据说，挪威人喜欢吃活的沙丁鱼，市场上活鱼的价格要比死鱼高许多，所以渔民总是想方设法让沙丁鱼活着回到渔港。可大部分渔民虽然尝试了种种办法，绝大部分沙丁鱼还是会在中途因窒息而死亡。但有一条渔船总能让大部分沙丁鱼活着回到渔港。原来，船长在装满沙丁鱼的鱼槽里放进了一条以鱼为主要食物的鲶鱼。鲶鱼进入鱼槽后，由于环境陌生，便四处游动。沙丁鱼见了鲶鱼十分紧张，左冲右突，四处躲避，加速游动。这样沙丁鱼缺氧的问题就迎刃而解，沙丁鱼也就不会窒息死亡，一条条活蹦乱跳的沙丁鱼就回到了渔港。这就是著名的"鲶鱼效应"。

且不说这个故事的真实性，我们需要的只是故事里蕴含的哲理：鲶鱼在搅动沙丁鱼生存环境的同时，也激活了沙丁鱼求生的欲望。也许，人的生命里也需要这样的一条鲶鱼。因为，人其实在骨子里都是懒惰的，若长期没有什么逼着自己进步，颓废成一个庸常的人是早晚的事。只是，这样的鲶鱼要到哪里去寻找呢？

一天，还在读研究生的张静发给我一个朋友圈里的挑战活动。活动的规则是：每人交上几十元钱作为基础奖金，获得参加某项挑战的权利。凡是参加挑战的人，必须保证每天完成一定数量的任务，并持续到规定的时间。比如，在一个月内，坚持每天写多少字、跑多少步等。坚持下来的人，则可以平分奖池里的所有资金；没有坚持下来的人，所交的费用就会被没收充当奖金。据说，这是年轻人经常玩的一种游戏，并且诱惑力极大。我问张静，有多少人会为了那点钱而参加活动？钱的诱惑力真的有那么大？张静说，诱惑人的肯定不是那几十元钱，让很多人乐此不疲的原因只是活动激起了人们改变自己的本能。

原来，改变是人的本能，只是我们经常让它沉匿到人生的最底层。而我也在张静转过来的游戏中找到了搅动人生的那条鲶鱼，就是我发起的活动——"寒假，你敢挑战吗？"我希望通过这样一个挑战活动，激发出每一个人内心里被隐匿起来的那份激情，聚拢起一批真正喜欢写作的朋友。

不过我们的活动比游戏少了许多利益上的东西，参加我们的活动既不需要付出金钱，也不会损失什么物资，你需要准备的只有两点，那就是挑战自己的勇气，坚持走下去的信心。而你收获的，肯定比想象的要多很多。这个活动，我"蓄谋已久"，其间也和闫凡伟老师、陈晓燕老师多次探讨。我也曾经有过犹豫，不知道自己能够坚持多久。好在，这两位都是比我坚强的人。他们的激情和热情让我终于开始了行动。既然如此，那么，来吧！坦率地逼自己一把，要不然你都不知道自己能够坚持多久。

2016年1月23日13时41分，我在个人博客公开发布博文《寒假，你敢挑战吗？》，挑战活动就此开始。

必须相信关注的力量

没想到，参加这个活动的人越来越多。24日下午，报名突破了200人，联系群里的讨论变得热闹起来，各种各样的问题也纷至沓来，这提醒我们必须尽快完成活动的组织规则。几经周折，一份简单的活动规则拟就。晚上7点钟，群里开始公布"活动细则"，挑战活动进入预热期。

公布的规则，最让老师们质疑的就是第二款的第三条："参加挑战者，每天要评论他人文章至少5篇，并留下20字以上的评论。"有位老师问："我们这是写作挑战，为什么要考核评论别人文章的数量呢？"我解释了两点：首先，阅读和写作是不可分割的两种成长方式，评论别人的过程也是一个学习的过程，每一个老师的文章不管优劣长短，都是辛苦劳动的结晶，都饱含着个人智慧的思考，在阅读与评论的过程中，我们一定会有所收益。其次，写作是一件很寂寞的事情，倘若没有外来力量的鼓励，很少有人能够默默独行到底，所以评论别人的文章就是一个输出正能量的过程，"无毒、无副作用"，还能启发自己、温暖他人。

就这一点，我的感触很深。

我的教育叙事写作始于工作后的第三个年头，1997年的下半年。一个偶然的班级事件，让我感受到了教育叙事的力量，也自然而然地开始了叙事写作。那时候，还没有博客、QQ空间之类的东西（也许是我不知道），我的文章都记录在自己的日记本中。除了偶尔发表以外，很少有能够和他人分享交流的机会，所以那时候的写作真的是对孤独寂寞的一种排解。可能是个性的原因，生性不好热闹的我居然坚守住了这份寂寞的爱好。2006年9月1日，某网站博客正式上线，我成为该网站博客的首批使用者，大量的文字开始在这个崭新的空间里留存。仍然是个性使然，在现实生活中不善言辞的我，在网络中也不习惯四处游访，只是一味地写，写好了放在博客中。这种封闭的做法，让我的博客浏览量极低。文字写了不少，但是固定的访客和博友少得可怜。那个时候，我算是在一个开放的空间里，做了一件封闭的事情。博客对于我来说，只是一个不用笔墨的日记本。

2009年，年轻的同事刘理凤看到了我的博客，她便建议我使用另一家网站的博客。她说，这家博客的浏览量要远远大于其他的网站，并建议我要学会去评价别人的文章。你评价了别人，别人也会看到你，通常也会回访。这样你的博客就得到了推广，会有更多的人关注你、鼓励你。2009年4月，我的新博客正式开通，原来的博客则成了我的"秘密仓库"。2009年9月，我第一次工作调动。在新的工作单位，我的博客也有了很大的改观，不管是文章的数量，还是博客访问量，都远远超过了原来。原因之一，我接受同事的建议，开始有意识地去浏览别人的博客，并留下自己真挚的评论。同样，我也会收到别人的鼓励和留言。那个时候，我开始接手学校的德育管理工作，兼着班主任，同时还有两个班的数学教学任务。工作任务繁重，个人时间极少，我的写作进入了艰难的困境。那个时候，能够让我坚持写下去的，就是那一条条激动人心的评论留言。博文一发布，很多朋友会留言鼓励，还有很多老师表达了"喜欢、期待你的每一篇博文"的心愿。这份喜欢和期待，给了我巨大的写作动力，那个时候的文章大都是在凌晨时刻写完，而我却乐此不疲。因为我知道，在网络的某些地方，有人在期待着我的文字。为了这，再苦再累又何妨？

就这样，在博友的鼓励下，我一路艰难而又幸福地走了下来。一大批编辑、校长开始关注我的博客，很多朋友在博客中发现了我的文字，也发现了我。其实应该感谢博客，十几年前的第一次外出讲座，源于博客；与无数令人仰望的大家相遇并相惜，也是源于博客。所以，在这个活动筹划之初，我就决定把评论作为其中的一个要素。因为只有写作，没有交流和碰撞，就是在沙漠中行走，你的力量会被干渴与孤独一点点蚕食掉。

其实，人需要的东西很简单，无非就是熟悉的、陌生的关注。这次挑战活动的目的之一，就是让朋友们懂得关注别人就是关注自己。作为一个过来人，给年轻的教师们一个建议——必须相信关注的力量。无论是写作，还是教育，都需要彼此的关注。

不给自己的人生设限

1月25日，挑战活动正式启动。此时，挑战成员为268人，一批挑战者的文章开始陆续在群中发布。始料不及的是，参与的人太多，频繁的博文链接发布几乎到了刷屏的地步，老师们的热情超出了我的预料。面对越来越繁重的管理任务，单靠本就杂事缠身的闫、陈两位老师根本就无法应对。年轻教师姚姝君主动提出解决刷屏的措施，临沂市河东区的张璐瑶则对评论截图的保留方式给出了更好的建议。年轻人的热情感染了我们，她们成为我们群的管理员。这就意味着，她们和闫、陈两位老教师一样，要无私地为大家的挑战牺牲自己的时间和精力。

勇敢者的挑战已经拉开帷幕，但也有人在了解了活动的规则后开始动摇退却，其中的原因无外乎担心自己坚持不下来。有朋友说，要是偶尔写点，或许能够做到，但持续写作一个月的挑战性太大了。一些朋友的担心更实际，过年那几天要回老家，没有网络！如此种种的顾虑，让有的人进了群却不敢参加挑战，徘徊了一阵子，最终选择了放弃。

其实，人生的很多放弃，都源于对未来某个具体情境的担忧和恐惧。在挑战开始之前，我们往往会预设很多很多的困难和困境，这本身并不是问题，只要我们的预设是为了更好地解决困难。提前做好解决问题的方案，未雨绸缪，是具有远瞻品质的思考。假如我们的那些预设是为了说服自己放弃，是为自己的怯弱寻找理由和依据，这样的预设就是负能量的。

心理学家曾经做过这样一个实验：实验者往一个玻璃杯里放进一只跳蚤，跳蚤立即轻易地跳了出来。再重复几遍，结果还是一样。根据测试，跳蚤跳的高度一般可达它身体的 400 倍左右，所以说跳蚤可以称得上是动物界的跳高冠军。接下来，实验者再把这只跳蚤放进杯子里，不过这次立即在杯子上加了一个玻璃盖，"砰"的一声，跳蚤重重地撞在玻璃盖上。跳蚤十分困惑，但是它不会停下来，因为跳蚤的生活方式就是"跳"。一次次被撞，跳蚤开始变得聪明起来了，它开始根据盖子的高度来调整自己所跳的高度。再一阵子以后呢，这只跳蚤再也没有撞击到这个盖子，而是在盖子下面自由地跳动。一天后，实验者把这个盖子轻轻拿掉，跳蚤不知道盖子已经去掉了，它还是在原来的这个高度继续地跳。三天以后，这只跳蚤还在那里跳。一周以后实验者发现，这只可怜的跳蚤还在这个玻璃杯里不停地跳着——其实它已经无法跳出这个玻璃杯了。

为什么很多人喜欢在行动之前担心未来可能的挫折？大概就是因为这个实验揭示的道理。那只跳蚤，之所以后来跳不出玻璃杯，不是自己的能力退化了，也不是玻璃杯有了什么改变，只是因为它的心里已经默认了这个杯子的高度是自己无法逾越的。人有时候也是这样，很多人不敢去追求成功，不是因为追求不到成功，而是因为他们的心里面早已默认了一个"高度"。这个高度常常暗示自己：我没有办法做到更好。比如很多人认为无法一个月持续不断地写作，有些人觉得自己早晚会在某一天选择放弃。

很多时候，人不是不想改变自己的现状，而是缺乏改变的勇气。当遭受了打击，遇到了轻蔑，陷入了困境时，我们也可能想过要跟过去的自己说再见，甚至会在某个夜深人静的时候，想办法，想出路。但这大多是"夜里想好千条路，白天醒来走老路"。一夜醒来，看看还算安稳的生活，想想改变需要付出的代价，随遇而安的心态就会让人趋于顺从。一个人能不能成功？能有多大的成功？这些问题的答案，有时并不需要等到结果的出现,而只要看看这个人对这些问题是如何思考的,就已经知道了答案。

我曾经和同事聊过这次挑战活动,她也向我说了很多老师们的担忧。但我认为,这次写作挑战,不在于你写了多少,写得有多好,也不在于你有没有坚持到底,有没有挑战成功,而在于,你有没有开始的勇气,有没有坚持的信心。倘若有,那么对你来说,就已经知道自己想要的是什么,这就是很幸运的事情。至于写出优质的文章,取得某方面的成功,那都是努力之后的意外奖赏。我很喜欢韩国最年轻的总理金台镐的一段话,他说:"我身为牛贩的儿子,既没有钱也没有权。我做任何事情,仅凭自己坚定的信念,并为之付出努力。我想告诉年轻人,别害怕失败,只要你知道自己想去哪里,世界都会为你让路。"

是的,人的"心理高度"决定了人生的高度。不给人生设限,对于一个想要成长的人来说十分重要。

朝向内心的努力

写这段文字时,挑战成员达到了308人。我们不追求数量上的增加,只希望每一个参与的人都带着一份坚持而来。在与闫凡伟老师聊这个话题时,他推荐给我一篇文章,其中的一段文字让我感动不已:

> 为了培养孩子的阅读习惯,家里已经断网、断电视好几年了。为了参加"挑战者"活动,我便到妹妹家去发文章、写评论。因为不会用博客,评论要慎思,群里的文章有太多值得我学习,不知不觉就在她家待了一整天。第二天,因为家里老人病了,去写博文、评论时已经很晚,再加上一番折腾,感觉耽误妹妹休息了,她还有个吃奶的孩子呢。第三天,我索性跑到姐姐家上网。她家的电脑,

办公软件一个也没有，QQ也没有，又是一番折腾。为了这次活动，为了不给自己留下掉队的理由，我跟老公商量了下，重新装网。（摘自张艳梅老师的博文）

闫老师说，像张老师这样的挑战者还有很多。有的老师年龄偏大，对电脑和网络很陌生，写一篇500字的文章需要在键盘上敲打一整天；有外省的老师，学校还没有放假，他们是一边忙着工作一边参加挑战；有的老师听说挑战活动时正在旅途中，为了参加挑战活动，在遥远的地方坚持用手机写作，因此被旅游团队落下了很远；有的老师放弃了先前对寒假的休闲规划，选择了在家中安静地读书写作……

姚姝君老师给我讲了一件趣事：因为对电脑和手机操作不熟悉，任老师从手机换到电脑，从电脑换到手机，始终找不到博文的链接地址，她便在群内寻求帮助。巧的是，最后出手相助的，正是她曾经带过的学生。因为参加挑战，很久不见的他们又续了师生情。在挑战者的团队里，除了师生，还有母子、父女、夫妻，他们或相约或偶然，一起走进了挑战活动。从年龄跨度上来看，有还未毕业的大学生、研究生，有刚刚毕业参加工作半年的青年教师，还有年过50即将退休的老教师。

面对如此的努力，你会不会感动？我会。但有的人不会。在他们的眼里，这些努力毫无价值，既不可能带来现实的荣誉利益，也不会增加工资收入。比起讲课比赛、荣誉评选，这一切似乎是徒劳，是一场无聊的游戏。这样的声音，我不止一次地听过，在网络和现实中，都有。

前些天，我读到一则故事，大概的意思是：有一个孩子，他从小就喜欢玩石头，只要一有空，他就跑到山上或河滩上寻找稀奇古怪的石头。刚开始，父母以为他只是一时兴起，因此并没有在意。可是，一年又一年过去了，他的兴趣爱好始终没有改变，他的父母开始着急起来。毕竟，在父母看来，读书、上大学才是正道。于是，他们千方百计地想要阻止孩子玩石头，将他捡回来的石头全部扔到了附近的山谷里。但是，他又悄悄地将那些石头背了回来。他就像着了魔一样，无论大人怎么教育，怎么胁迫，他对石头还是一如既往地狂热。随着年龄的增长，他对石头的颜色和形状已没了多大的兴趣，开始转向研究石头的形成、结构、质地等。不过，由于他缺乏专业的知识，所以走了不少弯路。于是，有人嘲笑他说："算了吧，你只是一个普通人，再怎么努力，也成不了科学家，还不如把精力用在其他方面。"对此，他总是不以为然地回答说："没事，反正我只是弄着玩，从来没有想过要成为什么家。"高中毕业，他没有考上大学，只好去了一家建筑公司打工。业余时间，他仍然喜欢研究石头，还买了不少这方面的书籍，渐渐地，他也玩出了一些门道。有一次，一个工友好奇地问他："你玩这个有用吗？也没见你赚到什么钱。"他淡淡地回答说："没什么用，就是喜欢。"经过多年的琢磨，他不仅能够一眼认出一块石头产自哪里，质地如何，有多重，而且还能看出其中含有什么矿物质。有一年，他去缅甸旅行，看到一群人正在赌石。凭着敏锐的直觉和多年对石头的研究，他几乎战无不胜，很快就成了富甲一方的商人和鉴赏界的大腕。

这应该是一个励志故事，很多人用它来证明坚持的价值和意义。我倒是从中读出了关于努力的一些想法。故事中的"他"是努力的，只不过他的努力不像考大学、走仕途那么实用，所以他受到了阻挠、嘲笑和打击。但是，他的努力最终还是开出了花。这里面除了说明坚持的重要性外，似乎还说明了一个道理：你的努力，终将在人生的某个时候获得补偿。

很多人总以为"今天付出明天就有回报"的努力才是有用的努力。其实，那些自己真正喜欢，但在别人眼里看似无用的努力，也许会在关键的时候，使你的前途一片光明。因为，这样的努力是朝向内心的，而朝向内心的努力，一定是改变未来的力量。

而我们，正在坚持的，恰是这样一种朝向内心的努力。

开花是未来的事情

挑战开始,我们并没有想过会有什么样的回报。当我们一步步走下去,很多的美好自己就来了。我们欣喜,也不掩饰自豪,但我们并没有忘记提醒自己:开花,那是未来的事情。

一份意外的奖赏

挑战没几天,王敏老师的一篇挑战博文就被《教育文摘周报》的吴晓燕编辑选中。这个消息,无疑成为群里的一大喜讯。祝贺的,羡慕的,一拨又一拨。我也向王老师表达了祝贺——为了这个意外的奖赏。

为什么说是意外的奖赏?

首先,这份收获提前了,在我们还未想到的时候,它来了。

我们的这次挑战活动,之所以安排在寒假,不光是因为寒假期间老师们有连续的休息时间,还因为寒假里有一个最隆重的节日——春节。春节期间,我们每一个人都会无比忙碌,人口流动性也很大,走亲访友,外出旅游,回老家过年,这一切都在无形之中为挑战增加了难度。这也是我们希望的,难度越大,挑战的意义也就越大。另外,几乎所有的教育杂志都会在春节期间休刊,有的教育编辑的假期几乎与教师的假期一致,这就决定了寒假是教育媒体征稿的"休眠期"。参加挑战的老师中,有很多是资深的撰稿人,向报纸杂志投稿时,他们需要一个安静的写作空间。而教育媒体征稿的"休眠期",往往就是他们写作的"休渔期"。这样一来,我们的挑战活动就不会冲击这部分朋友的正常写作。

按照最初的想法,在挑战活动结束后,我们会给挑战者们一个星期的冷静时间。每个人利用一个星期的时间,认真重读一遍自己一个月来持续写作的成果,找出自己最为满意的几篇,在我们的群里进行互动修改。修改后的文章,再选择适当的杂志投稿。然后,我们的写作就会进入稳定期。而我也邀请了几位编辑老师进群,目的就是在挑战活动结束后,在我们的写作活动进入平稳期后,他们能够和我们有一个长期的互动,指导我们的写作,同时给我们提供一些征稿信息。

我以为,这样的收获应该在一个月之后。没想到,第一份收获来得如此之早。所以,它是名副其实的、意外的奖赏。

其次,这份收获并不是我们的本意,在我们没有想到的时候,它来了。

对于绝大多数挑战者来说,他们参加挑战的时候并没有想到发表文章这件事。我的本意是,通过这样一次活动,增强教师的写作意识,或者让教师重拾写作的习惯。

我认识的很多老师,他们知道写作对于教师成长的意义,也有写作的愿望。只不过,多数时候他们只是想想而已,一时间想得热血沸腾,不一会儿便泄了气。泄气的原因有很多,但根本的原因是——太多的人,已经很久没有心无旁骛地持续做过一件事。他们不知道自己能不能坚持,不知道自己能不能克服惰性。他们不敢去尝试,更不要说竭尽全力地去"折磨"自己。对于这些老师来说,他们缺少的是一根撬动自己的木棍,是一股启动自己的动力。而我们的挑战活动,激发的恰是这样一股力量。这股力量,无论是对写作还是其他的教育实践来说,都尤其重要。

还有一些老师，他们在写作的道路上走过一段，并且颇有成就。只不过，出于种种原因，他们懈怠了，有了慵懒之心，慢慢地，写作的习惯就被放弃了。在日照实验中学马校长的挑战博文里，我读到这样一段文字："我认为我是比较勤奋的，我的博客打理得也可以。在女儿上高中的三年内，我基本上每天写一篇博文，记录孩子成长的足迹，特别是教育孩子的人生道理，起名为《小家碧玉》。但是这半年，写的就少了，基本上每周一篇就不错了……只要一懒，手就生了，写起东西来就特别费劲，原来文笔流畅，现在很是生涩。这就是我最近的感觉，不愿意写，也写不出来。正好看到王维审老师的这个活动，又激起了我一些欲望。我既欣喜又胆怯，欣喜的是有这样的一个机会检验一下自己的耐力，胆怯的是我不知能否坚持下去，尤其是在春节这样的当口。"对于像马校长一样优秀的挑战者来说，参加这样的活动，可能是为了找回曾经的自己。

所以我说，我们的挑战者，在这一个月的时间里，会得到很多很多：挑战一下自己的耐力，评估一下自己的勇气，找回曾经的努力，坚守一段美好的付出，过一个不一样的寒假，感受一下压力之下的勤奋……当然，我们最希望的是，有越来越多的人，形成写作的习惯。如果，偶尔有"发表"之类的奖赏，我们会更欣喜，更有激情和勇气。

也或许，我们什么都不需要得到。因为，挑战本身就是一种奖赏，一种自我的抚慰和成长。

像依米花一样深深地扎根

自从王敏老师的文章被"相中"后，挑战文章被报刊编辑选用的消息就接二连三地传来，越来越多的优秀挑战文章被编辑老师青睐。我祝贺每一位作者，这也是我们应该赢得的一份额外奖赏。

祝贺之余，我还想多说几句，以表达我对一些问题的看法。

第一，我们需要这样的奖赏。写作是件很寂寞的事情，刚刚开始走向写作之路的人往往很少能够耐得住这份寂寞，这也是很多人曾经拿起过笔，又最终放下的原因之一。写作是件很辛苦的事情，一篇短短的文章，也许要消耗掉作者几个小时甚至几天的时间。如果没有恰时出现的鼓励和激励，很少有人能够独自一直坚持。而报刊编辑的认可以及读者的欣赏，往往是消除辛苦最好的妙药。人都有被欣赏的愿望，写文章的人更是如此。一篇叙事文章，实际上是作者对教育的理解。自己的观点在媒体上展示，或许能够得到更多观点的碰撞，也或许能够给更多的人带来思考和借鉴，这是写作的重要价值，也是对作者最大的奖赏。

所以，我建议每位叙事者，把自己最好的文章整理出来，尝试投稿。这本身就是一种学习，一种验证，也是不断修正自己表达能力的机会。

第二，我们需要的不仅仅是这样的奖赏。叙事者才起步，才写了这么一点文章，就有了发表的机会和可能，这的确是能力的体现。但是，如果仅仅是为了发表几篇文章而参加挑战，那么你对叙事者的理解还是有偏颇的。只能说，"发表"是叙事者一路行走的意外收获和额外奖赏，是对叙事者生命色彩的点缀，绝对不能作为一个人最终的追求。

写作，对于教师来说，它的意义在于促进个体的反思，并通过持续不断的写作和思考，不断调整教育心态，继而优化自己的教育实践。如果我们在不断地写作中，有了自己的思考，有了改变自己的愿望，那么教师写作的价值才真正得到了实现。王玉鹏老师的信就给了我很大的震撼。一个青年教师，在阅读和撰写教育叙事的过程中，能够不断反观自己的实践，不断剖析自己的教育行为。最终，他为自己曾经的、不成熟的教育而流下了眼泪，用了四五个小时的时间给学生写了一封"检讨书"。愿意为教育流泪的老师，我们身边到底还有多少？应该不多。反倒是为自己的职称待遇、课时多少而争吵不休的人，并不鲜见。所以，我欣赏王老师的这种纯粹。这样的纯粹，再有了叙事的支撑，我相信他会走得更远。我很欣喜地看到,他的"把我写给你看"系列已经写了十几篇,这是一个很好的开始,也是一股叙事力量的开始。

第三,我们需要更久远的奖赏。我一直有这样一个观点,教育叙事不仅仅是叙事,更不仅仅是写作。教育叙事从本质上来说是一种研究,写作是呈现研究的手段,文章是研究成果的展示。而研究,就意味着冷静和深刻,就意味着必须要经历寂寞和痛苦。我们不希望寂寞,但是我们无法拒绝寂寞。因为一颗心没有必要的沉潜,就不可能在研究的路上走得远。有时候,痛苦也是我们需要的,它和意外的奖赏一样,都是我们研究路上不可或缺的调料。

《当代教育家》杂志总编辑、北京亦庄实验小学校长李振村,曾经为拙作《寻找不一样的教育——我的教育叙事》写过一篇序,题目是《依米花的根》。序中,李老师在简要介绍了我"不一样"的成长经历之后,引用了一个依米花的故事。

他说:"维审的经历让我想起了一种植物——依米花。据传,依米花生长在非洲环境恶劣的荒漠地带。在那里,只有根系非常庞大的植物才能生存下来,所以依米花有一条非常粗壮的主根,蜿蜒盘曲努力往下生长,直入地底深处。通常,它要花费六年的时间来完成根茎的穿插工作,然后,一点一滴地积累养分。在第七年春天,才在地面吐绿绽翠,开出一朵小小的四色花。"

教育叙事就是我们成长的那条主根,需要无限地、坚强地一直往下生长。这绝对不是一天两天,也不是仨月半年就能完成的任务,而是一段深远、艰难而又充满挑战的征程。

我想,无论怎样卑微的生命,上天都会给予一次美丽的机会。我们现在要做的,就是像依米花一样深深地扎根。

成为改变世界的少数人

有一位挑战者私信我说:"在写作挑战过程中,我不断地尝试反思自己的一些做法,感觉自己的行为有一些确实是违反教育规律的,甚至还有一些行为违背了自己的内心。我也想实施自己理想中的教育,也想给学生最好的教育。但是,每当回到现实中,我发现还是有很多无奈和无法改变的困境。面对强大的应试教育,面对千百年留下来的'传统力量',我一个人的力量又能做什么呢?唉!越反思越痛苦,是做一个痛苦着的明白人,还是做个糊涂人继续跟风呢?"

类似这样的问题,我接触过很多,也写过几篇相关的文章。借助这位老师的困惑,我回忆了其中的三篇文章,并把这三篇文章中的观点以三个层次来呈现。

首先,你有"抬高一厘米"的权力。

在《你有抬高一厘米的权力》中,我通过一系列小事描述了一种现象:很多时候我们会不由自主地把体制当成逃避责任和自我开脱的借口。似乎,我们所有的过错和不足都是体制造成的,我们是无辜的,体制在那里,我们不得不屈服和顺从。然后,我引述了一个小故事:1992年2月,柏林墙倒塌两年后,守墙士兵亨里奇受到审判。原因是在柏林墙倒塌前,他射杀了一个企图翻墙的年轻人。法庭上,亨里奇的律师辩称亨里奇仅仅是在执行命令,别无选择。而法官西奥多不以为然,他的一番话振聋发聩。他说:"作为警察,不执行上级命令是有罪的,但打不准是无罪的。作为一个心智健全的人,此时此刻,你有把枪口抬高一厘米的权力。"把枪口抬高一厘米,这是在法律管辖之下的一种人性良知。在任何情况下,只要人的内心不是一块铁板,应该都能做到。

在文章的最后,我总结道:也许体制是个坚硬的东西,它所营造的教育环境也过于刚性；也许我们无法与体制对抗，也没有时间等待体制的完善，但我们完全可以在体制下加入一些自己的东西，用为师者的智慧、专业和勇气，抵住体制纷至沓来的脚板，为那些朴实的孩子赢得一个缓冲地带。至少，我们有抬高一厘米的权力。

其次，你可以"营造局部的春天"。

在《为自己营造局部的春天》中，我写了两个以前的学生，他们现在做了老师。一个在很偏僻的农村学校，整个学校教师成长氛围不浓，教师大多是在混日子。他认为自己不能成长的过错，在于那个不上进的环境，与自己毫无关系。另一个在城里的学校，学校教学质量不错，对教学成绩抓得很紧。他认为，只要有分数束缚着，教师就无法挣脱应试教育；只要体制不改，教育就只能走老路子。同样，他也把自己教育理念的狭隘归咎为教育大环境的紧蹙。为了给他们一点启示，我和他们聊了三样常见的东西——伞、空调和大棚。虽然这三样东西都不能改变整个天气，但是伞给了我们一小块没有雨的天空，空调给了我们一个舒适的空间，温室大棚给了我们一小片春天的感觉。由此，我给出自己的建议："在不能够改变整个环境的时候，我们能够做的，无非就是像温室大棚一样，营造一个局部的春天。"

再次，你可以努力成为"改变世界的少数人"。

在《少数人是怎样改变世界的》一文中，我写了一个朋友的困惑：在一个波澜不惊的环境里，一个人的努力有用吗？个体的努力又能在多大程度上改变周围的慵懒呢？回答这个困惑，我同样借用了一个小故事。

我曾经在一个纪录片里欣赏过火烈鸟大迁徙的场面，成千上万只火烈鸟聚集在一起翱翔天空的壮观令人震撼。然而，更让我有所感触的却是它们在迁徙之前的努力。每到需要迁徙的时候，总有少数火烈鸟率先飞离湖面，拉开迁徙的序幕。然而，其他的火烈鸟好像并没注意到，于是这一小群火烈鸟又飞回到湖面上。头一日的徒劳无功并没有让它们气馁，第二天它们会继续进行尝试。第二天，更多的火烈鸟和它们一道起飞，然而绝大多数火烈鸟依然是毫不在意。所以，这些先驱又飞了回来。这样的尝试要持续好多天，每次都有更多的火烈鸟加入飞行的大军，可终因大多数的火烈鸟依然没有注意到，大迁徙的计划也就一再搁浅。后来，有一天，情况终于改变了。依旧是一小群火烈鸟不停歇地扇动翅膀，吸引更多的火烈鸟加入进来。虽然还是少数，但它们的行动已经足以起到决定性的作用。整群的火烈鸟都飞了起来，大迁徙开始了——成千上万只火烈鸟同时腾空而起。几只鸟儿，就这样决定了整个鸟群的整体行动。

我想，这三篇文章已经解答了这位老师的问题。在面对看似无法改变的教育大环境时，我们至少可以有这么三种态度：一是努力让自己不成为"帮凶"，尽可能地保留住自己抬高一厘米的权力；二是力争有所作为，在权限和能力范围内为学生营造一个局部的春天；三是不做沉默的多数，成为改变世界的少数人。

这三种态度，尤以第三种最为可贵。

你只需照亮你自己

早晨，趁着早起的工夫，我按照计划详细阅读了15位老师的博客。其中，有几位老师的博文让我思考了很多。

曲立华老师在博文中说："因为加入了挑战者的行列，我再也不敢放纵自己，再也不敢懒散，因为大家都在积极努力！"是呀！当一个人存在于一群努力的人中，怎么还敢不改变？而这种改变，哪怕只是比原来的自己更努力了一点，又何尝不是一种进步呢？

"时光微凉"在《我惊叹我的进步是如此如此巨大》中这样写道："这里是一个卧虎藏龙的地方，每每读到别人的美文都感觉'压力山大'，感叹为何他们文采如此之好，慨叹自己平时努力太少。但我发现自己也进步了，并且进步很大，这进步不能仅用写作水平来评判。"在后来的文章中，她写了自己在生活习惯上的一系列变化，并在最后提出："我要在班级里搞一个类似的活动，把全班同学写作文的积极性调动起来。"与别人比，我们感受到的总是压力和惭愧，而与自己比，我们就能看到变化和成长。更何况，这样的一个挑战活动，还有可能给她带来作文教学的改进。这样的成长，不正是我们需要的吗？

于是，我便提出一个建议：在做第二期简报时，管理员们可以从每个人的文章中选一篇最好的进行展示。不多久，我就收到了姚姝君老师发来的一段话："本来，我对从每个人的文章中选一篇好文章的做法还有些不理解，毕竟人和人之间的写作水平差距很大。但是，我在整理文章时发现，每个人都在进步，一篇写得比一篇好。我们希望看到的不是哪位老师挤入了前多少名，而是每位老师比以前的自己进步了多少，我这么理解对不？"

这个心理学专业毕业的研究生，领悟能力确实超出我的想象。

去年，我给一个国培班的老师讲课。中午吃饭的时候，陪同的领导讲了一个故事：一个鲁莽后生，非要与一位老山人比试爬山，老人推辞不过，只好同意。几个时辰后，后生才到半山腰，气喘吁吁，而老山人此时已稳坐山顶观风景了。后生见状很是不服，指着高处的老山人大吵大嚷，怨他作弊。因相距遥远，老山人不知后生为何发飙，便沉默不语。后生极为不爽，口沫横飞，粗言更甚。另一位老者路过，听明白后生抱怨的原委，便说："你要是现在接着爬，太阳下山前或许也能坐观山景；若是你继续逞口舌之快，太阳下山时，你唯一的收获，只能是用自己的唾沫浸湿自己的衣服。"讲完，领导问大家有何感想？一桌人说了好几个观点，被领导一一否掉。最后，领导自己说出了原汁原味的"官方"意义。因为我是客人，他们没好意思让我谈自己的想法。

其实，我对这个故事有着自己的理解。也许，这个后生认为自己年轻力壮，爬起山来肯定会比老人快。殊不知，这个老人是个老山人，天天在山里进进出出，爬山对于他来说或许就是如履平地，那么这个年轻人受到挫败就是必然的事情。当看到老人到达了山顶时，年轻人不是加快自己的步伐追上去，而是怀疑、愤懑，甚至口出粗言，这就只能是丢了自己的形象，忘了自己的目的。由此来说，这个故事告诉我们的应该有两点：一是不要和别人比，二是爬好自己的山。

在很多人看来，进步只有依靠外在的参照物才可以看出彼此的变化。所以，无论是生活中还是教育中，我们特别喜欢排序，喜欢盯着前面人的脑袋或羡慕或嫉妒或长吁短叹。我倒是认为，人生大可不必把自己绑在与别人"作战"的战车上，更不能把暂时的高低上下作为评判成长的标准。有句话是这么说的，你的敌人就是你自己，你比得赢自己，自然也就战胜了别人。所以，真正的智者往往会遵循这样的原则：不与人比，只与己比。对于我们每一个人来说，向上看是必要的，那是我们追求的目标。但更为关键的是看好脚下的路，踏踏实实走好每一步，每天比昨天的自己好一点点。

海明威说："真正的高贵不在于自己优于别人，而是在于优于昨天的自己。"所以，在追求成长的道路上，你可以眼望别人，但在内心里，你只需要照亮你自己。

挺住，就意味着一切

在"月中寻桂子"的博客中，我读到了一篇文章，大概的意思是：学校专门为毕业班的学生家长聘请了专家做报告。专家的方言太浓，以至于她根本无法听清楚报告的内容。没多久，同样听不清的家长们开始离席，并埋怨学校请的专家太离谱。而她，则选择了坚持听下去，十分钟后，她已经能够模模糊糊听个大概；不到半个小时，她就已经能够完全听清楚专家的话。这是一场两个小时的报告，她用半个小时的时间一点点去努力适应，终于听到了另外一个半小时的内容。

读完这个故事，我就在想：假如她也在前半个小时内选择离开，那么后面的精彩还能听得到吗？

我们的寒假挑战活动已经坚持到了第八天，八天的坚持对很多老师来说已经算得上不小的成绩。同样，我们也面临着更加困难的挑战。有的老师觉得自己可以写的素材已然不多，有点山穷水尽的感觉；有的老师觉得自己坚持了一周，也没有出现大的突破，开始怀疑自己不是"写文章的材料"。这说明，我们对成长的理解存在着一定的偏差。恰如"月中寻桂子"说的这件事，如果把"能够听懂专家的话"假定为一个任务目标，那么从"听不懂"到"听个大概"再到"完全听清"，这样一个循序渐进、慢慢适应的过程，就是达成任务所必需的。在成长的过程中，如果我们能够坚持每次进步一点点，每时每刻都持续向前，那么一切就会越来越好。

在1984—1985赛季的美国男子职业篮球联赛中，洛杉矶湖人队靠着各位球员高超的球技，一路披荆斩棘，临近赛季结束时，冠军可以说是唾手可得，但是总决赛却意外地输给了波士顿凯尔特人队，这让主教练帕特·莱利和所有的球员都极为沮丧。帕特·莱利是湖人队以年薪120万美元聘请来的主教练，他绝不会让自己和球员一直在沮丧中停滞不前。赛后，为了让球员重振信心，他告诉大家："从今天开始，我们可不可以罚篮进步一点点，传球进步一点点，抢断进步一点点，篮板进步一点点，远投进步一点点，每个方面都能进步一点点？"球员不假思索地答应了他的要求。在之后一年的训练中，球员始终抱着让自己"进步一点点"的精神，不断地提高自己的球技。终于，在1985—1986赛季的美国男子职业篮球联赛总决赛中，湖人队不负众望，战胜凯尔特人，夺得总冠军。

在获得总冠军的时候，帕特·莱利对球员们说："我们的成功不是偶然的，想想，我们12位球员一年中在5个技术环节方面分别进步了1%，所以一个球员进步了5%，全队就进步了60%，在球技上处于巅峰的湖人队，又提升了60%，甚至更高，所以我们获得出人意料的成绩是理所当然的。"

每天进步一点点，是一份近乎柔弱的坚强。听起来好像没有冲天的气魄，没有足够的震撼，没有"大江东去浪淘尽"的豪迈。可是，这也是获得成功最本质的东西。

成功是水滴石穿。水滴石穿，自古以来就被誉为以柔克刚的成功典范。一滴水的力量渺小而微弱，与巨石相比，其破坏力完全可以忽略不计。但是，千千万万颗水滴的持续作用，就可以穿透坚硬，实现常人无法想象的奇观。对于我们挑战者来说，不要祈求一步登天，更不能奢望一鸣惊人，而是要脚踏实地，一步一个脚印走下去，收获就会在缓慢的积淀中越来越多。同样，在挑战的过程中，不需要头悬梁锥刺股般的克己，也不需要破釜沉舟的付出，更无须壮士断腕的悲壮，你只需要确保自己每一天都能读几篇博文，写一点文章，长久下来，就能有足够的累积。这种积累一旦成了习惯，就会成为人生恒久的成长力量。

成功是静水流深。静水流深本是一种自然现象，却禅释了人类心灵的最高境界。静，是生命的完满；水，是生命的本源；流，是生命的体现；深，是生命的蕴藉。也就是说，大凡成功者，都有着丰富的内心世界。这些人，往往能在喜悦中沉静思考，在失败中从容面对。古人一句"不以物喜，不以己悲"，代表了豁达的至高境界。我们在挑战过程中要正确理解成长的速度问题。改变这件事情，欲速则不达，你只能借每天的小改变，来造就未来的大改变。只要确保每天都比昨天更好一点，人生就能朝着更好的方向前进。

说到底，成功是一个艰难的坚持过程。虽然成功需要的要素有很多，但是我觉得成功最需要的就是在最困难的时候，憋一口气，努力挺住。挺住，就意味着一切。

因为只在意了成长

首批挑战者的考核结果已经公布。接下来，公示合格的挑战者需要提交自己的"每天五条评论"，最后确认挑战成功者。

在我们考核之前，有一道程序，那就是挑战者自查。我们要求每位参与挑战的老师，都要对自己"30天挑战"经历认真回顾，按照标准自查是否挑战成功。感觉自己符合挑战标准了，再填写"复查申请表"，提交考核组审查。我们共接到了126位挑战者的复查申请。也就是说，有126人感觉自己坚持做到了"每天一篇500字以上教育文章"。但是，考核组对这126人提交的文章进行审查后，只确认了30多位挑战者的文章数量和时间符合规则，其他的90多人均存在着各种各样的问题。

原因何在？

我仔细询问了参与考核的几位管理员，他们提供的信息都指向了以下三个方面。

一是缺少某一天的文章。有的挑战者虽然有时候一天写两三篇，但却在某一天没有上交文章，虽然他们在总量上远远超过了30篇，却违背了"持续写作"的原则。也有挑战者，某篇的文章是在零时几秒发布，却已经成了第二天的博文，这也就导致了前一天一篇也没有，后一天却有了两篇文章。为什么会出现这样的问题？我猜测，原因大致有两个方面：一是只顾着写，只想着表达自己的感受和感悟，没有在意时间的问题；二是电脑时间与北京时间存在误差，可能是电脑上的时间稍微晚一点，自己发表博文时没有注意到，也同样是"没在意"。

二是单篇文章字数不足。我们借助技术手段，认真复查了每一篇文章字数，发现有的文章不足500字，有的甚至只是少了几个字，但是这意味着挑战就失败了。很明显，很多人不会去数自己的文章够不够500字，觉得也没有数的必要。大多数人只是感觉自己的意思表达清楚了，也就结束了文章，够不够500字有什么要紧呢？说到底，是"没在意"。

三是有的文章无关教育。我们的挑战规则说得很清楚：你的写作是要与教育有关的。但是，有感情必定要抒发，有思考也必须写出来，所以一些人认为内容是不是有关教育无关紧要。理解起来，还是没有在意，没有在意是不是教育文章。

其他的问题还有很多，但大都是"没在意"造成的，所以挑战失败了。大多数挑战者都同意我们的那句话——我们只能选择遵守规则。也有挑战者说，你们的规则本身就不严谨，有很多漏洞可钻。比如，博文可以定时发送，想什么时候发就什么时候发，你们只讲求文章数量，不管文章质量，瞎编乱凑的也算文章……这个我们承认，在制定这个规则时，我们就知道有漏洞，有空子可钻。但是我们仍然选择了这样的规则。

任何游戏，规则不同，输赢的人就会不同。这一点毫无疑问。这是因为规则具有指向性，它可以决定你需要的是什么。比如这次挑战活动，我们需要的不是分出个胜负，也不是非得讲究成功与否。换句话说，即使我们认定你成功，其意义也无外乎说明你努力过，挑战过自己。失败呢？因为一点点的"没在意"而失败了，就证明你没努力过吗？就说明你没挑战过自己吗？肯定不是。所以，无论成功与否，你想得到的都已经得到了。而我们，也得到了我们想要的，那就是一群可以结伴而行的叙事者，一群愿意成长、不在乎输赢的叙事者。

日照实验中学的马锋校长也没有通过挑战，当我听说这个消息后，有点不敢相信，因为我知道马校长是带着自己学校的青年教师一起挑战的，他每天的文章数量和质量都是其他人无法比的，他为什么会失败呢？于是，我专门询问了考核组。考核组回答说，2月11日那天马校长没有提交文章。我仔细翻看了马校长的博客。果然，那一天没有文章，但前一天和后一天都发了好几篇文章。难道马校长不知道可以定时发送其中的某一篇吗？他肯定知道，但他没有那样做，所以他失败了。而在我看来，他的挑战失败了，但是他这个人却是胜利的。假如他作了弊，选择了其他手段，那才是真正的失败。

我翻看了他的博客的前后文章，才知道 2 月 11 日那天，他的家里出了一系列的事情。他是忙于家事，无奈之下才少了这么一天的文章。再看更多博文，才知道他的很多文章都是在守候生病的家人时，在医院里用手机写的。所以，当他知道自己失败后，在博客中说自己"有些难受"。但很快，他就说："我只能选择尊重规则。"并反思了自己一系列导致失败的原因。

他为什么不选择作弊？那是因为他在意的不是输赢，不是挑战，而是成长。当然，对于马校长这样的专家型校长来说，他所在意的成长，更是跟随其后的那些青年教师的成长。

我相信，那些所谓的挑战"失败者"中，一定是因为各种各样、"不可抗拒"的困难，才耽搁了挑战。而在游戏规则存在着巨大漏洞的现实中，他们又没有选择作弊。

这足以说明，你们失败的原因，是因为只在意成长。而这，恰是我们所需要的，我们的叙事者，需要的就是成长，值得我们在意的，也只有成长。

我们尊重每一种选择

今天，从第一天就开始参加挑战的叙事者，已经顺利完成了"30 天持续写作"的挑战任务。我们看得到的，是群里庆祝红包带来的欢声笑语，是彼此祝贺开怀大笑的放松。看不到的，是每个人内心里隐忍了 30

天的委屈和泪水。这30天，带给了我们太多的感动，太多的温暖，太多的困难，太多的折磨，甚至也可以说是苦痛。但，更多的应该是思考，是成长。

在这一天，我们以简报的形式，公布了对"挑战者"的考核结果。按照规则，总会有一些人被淘汰，其实，我们理解，这些老师偶尔一次的未跟上，一定有着各种各样的原因，甚至，有些原因是不可抗拒的，但是既然是约定在先，我们只能遵守规则。那么，他们该走向哪里？

最初，我们只是打算在一天的时间里，寻找一批志同道合的朋友，一起挑战一个不一样的寒假。但是，"挑战书"一发出，参加挑战的朋友越来越多。还有的朋友是看到别人参加了挑战，才知道有这个活动，匆匆忙忙赶到了群里。他们，也是希望挑战自己的，只是错过了时间而已。但是，我们只能遵守规则，因为规则就是规则。那么，他们该走向哪里？

几经酝酿和讨论，我们在尊重规则的前提下，提出了"存在即合理"的原则，对群成员重新进行了如下界定：

一是挑战者。这是我们最初聚集的力量，也就是在规定时间内申请参与挑战，并按时提交文章的老师。按照规则，他们全部列入挑战者名单，接受严格的规则考核。

二是自考者。凡是后期进群未赶上挑战，或挑战失败仍愿意自我挑战，或不愿意受约束喜欢自我检验的老师，可以随时随意开展自我考验。也就是说，只要你愿意试着挑战自己，可以从你喜欢的那一天起，自觉实现"持续30天不间断写作"，并积极参加"对他人博文评论"的活动。无论何时，只要你完成了挑战者应该完成的项目，就算挑战成功。

三是见证者。为了让我们的活动能够得到方向上的引领，我们邀请了部分报刊编辑、名师名校长来见证我们的挑战。

四是围观者。也许，有的朋友只是来看看；也许有的朋友在坚持一段时间以后累了、倦了；也许有的朋友放弃挑战或不愿意挑战，但愿意留在群中呐喊助威……那么，我们欢迎并感谢。因为，在我们看来，围观也是一种力量。

也就是说，我们理解、包容、尊重你的选择，我们欢迎任何一种身份的参与，甚至包括反对的声音。由此，我们群中的成员就不再是单一的挑战者，而是一群喜欢教育、喜欢写作、喜欢用文字理解教育的志同道合者。所以，我们决定把群名称由"挑战者"改为"叙事者"。

从挑战者到叙事者，绝不仅仅是名字上的更迭，更重要的是，我们每一个人都要具有叙事者的精神气质。

一位挑战者的成长样本

三十天的叙事挑战活动,究竟给叙事者们带来了怎样的变化,我们可以从一位青年教师的成长中获得一些答案。王玉鹏,一位因叙事而不断发生改变的叙事者。

给王维审老师的一封信

王老师:

您好!我是李官中学王玉鹏。首先,我要简单介绍一下自己。我2003年就读费县师范学校,读的是"三二"连读五年制大专,小学教育专业。2008年又参加"专升本"考试,被录取到山东师范大学教育专业。七年的师范教育,让我对教育的热爱浸透到骨子里。

2010年,我本科毕业,通过教师招考成为一名人民教师,被分配到李官中学。我是带着万分干劲和激情登上讲台的!前三年我火力十足,跟得上、靠得紧、抓得严,也取得了一系列的成绩,得到了领导的认可。但最近两年,我开始变得越来越迷茫。每天担心班里又发生什么事,常在班里大声斥责全体同学,戴着有色眼镜看学生,被政务量化弄得斤斤计较……这些让我很累。我甚至不知道怎样面对学生,我开始变得不会工作也不敢工作了!

2016年的寒假，我遇见了叙事者挑战活动，遇见了您！30天的持续写作，让我彻底地反思了我的工作态度以及我的班级管理工作。写着写着，我不再那么烦恼了，痛苦了；写着写着，我的心里平静了，甚至笑了。您每天的博文都是我的必读文章，习惯了您的引领和指导。博友们的文章也让我受益匪浅，他们的鼓励更让我坚定了走下去的决心！

有一天晚上，我一口气读了三四篇关于您的报道和十几篇您以前的博文。您的文章给我的最大感触就是两个字：真实。真实到敢于面对一切现实，真实到说进了每位教师的心里。这种真实是勇敢地面对，是积极改变的第一步！看完后，我坐在椅子上对着电脑发呆。我反思自己，我的教育充满了自私、功利、虚伪，甚至邪恶。我为什么这么痛苦？就是因为我不敢面对真实的自己，不愿接受不完美的学生，害怕出问题！那一刻我知道错了！

元宵节的晚上，我无心吃元宵。我用将近四个小时的时间写了一封向全体学生的道歉信。写完之后我哭了，泪水洗涤了我的心灵，我知道从此我不再害怕一切困难！我的教育思想乃至人生境界进入了新阶段！

虽然我对叙事教育还是一知半解，但一开学我就尝试把它运用到实践中。上周四，我们班晨读很多同学迟到了。要是在以前，我一定怒气冲天地在教室里大发雷霆，训斥全体学生，然后把迟到同学叫到办公室一个个批评、惩罚。但我没有这么做。刚一听到这个消息，我的心湖还是泛起了一丝涟漪，但马上平静了下来。我打开电脑把这件事写了下来，并试图解释同学们迟到的原因：可能同学们想试探我说话是否算数（前一天，我说迟到不再惩罚），也可能是因为第一天住校作息时间没调整过来，还可能昨晚聊天太嗨了以至于今早起晚了等等。写完这些之后我的心里连那一丝涟漪也没有了。当我把稿子贴在班里时，同学们都很吃惊。之后有同学在稿子下面写道：老师，我知道错了。我再也不敢了！我想这应该是迟到同学的心声。

写教育叙事让我的教育教学找到了一个方向、一条途径，甚至我的人生会因此发生改变。正如我在《寻己》一文中所说：活动结束了，行走却刚刚开始。我知道，我永远在路上！叙事者，加油！

再次衷心感谢王老师，您是我工作六年来最崇拜的身边的教育名师！谢谢您！

王玉鹏
2016年2月28日晚

给王玉鹏老师的回信

年轻的王老师：

你好！收到你的信，我既惭愧又欣慰。

惭愧的是，我远没有你说的那样"伟大"。我只是一个草根教师，一个比你年长一些的老教师。如果说，我做了一点什么的话，那就是在叙事写作和研究的道路上，我比你早走了一步。但，那是因为我年长，相信你到我这个年龄的时候，一定会比我走得远，远很多。

这一个月的叙事写作，让你对个人的教育实践有了深入的反思，并有了改变自己的尝试，这是我最愿意看到的，也是我做这个活动孜孜以求的目的。一个教师，能够走多远，关系的因素有很多，但我认为，最为重要的肯定是自我反思的能力。一个不会反思的教师，他的成长注定会缓慢而愚钝。这句话虽然有些绝对，但我仍然愿意这样说。

你在信中提到的对迟到学生的处理，我觉得是到位的，至少比起以前的粗暴惩罚要成熟得多。学生迟到，忍住不发火，然后通过写作来缓解个人的情绪，并在写作中试着站在学生的立场上去理解学生，这对一个教师来说是难能可贵的。自然，你也收获了学生的理解和认可，学生肯主动承认错误，说明你的努力没有白费。所以，我说你的这个做法是到位的，教育叙事写作已经给了你思考问题的习惯。但是，学生问题和问题学生，是一个长久积累起来的结，不可能通过一两次的宽恕和理解就解决。比如，那个承认错误的学生，并不意味着他从此就不会再迟到，也不意味着他不会再犯错误。

可以这么说，教育存在，问题就会存在。对于教师来说，要做好持久陷入问题泥潭的打算，用持续不断的思考、反思修正持续不断的问题和错误。从这个角度来说，写一两篇教育叙事，反思一两个教育问题，对人的成长和教育的进步起不了多大作用。叙事是一味中药，需要慢慢煎熬，缓缓熏陶。从现在开始，撰写每一个值得反思的教育事件，反思每一个教育问题，持续不断地走下去，这才是解决问题的必经之道。

你已经有了这样的意识，已经足以让我，让我们整个叙事团队感到欣慰。至少，这一个月的努力没有白费；至少，在你的身上，我看到了叙事者的未来。

至于，你问的"怎样把叙事教育运用到实践中"，我不知道你是弄混了"教育叙事"和"叙事教育"，从而出现了笔误，还是真正理解了这两者之间的区别，说的就是我一直在探讨的"叙事教育"。如果是后者，那么你真是我的知音。至今为止，能够真正理解我的"叙事教育"的人还很少，你是其中之一。

去年，我申请了一个省级规划课题《中小学叙事德育模式构建研究》，课题确定的研究内容就是两大项：一是教师专业发展的叙事化影响，二是学校德育的叙事化改造。第一项，我想彻底了解教育叙事写作对教师的成长价值到底有多大，我们现在的行走，也多多少少与这方面的研究有关。第二项，我想重点研究一下主题班队会的叙事化改造，也就是叙事型主题班会的研发与实践。

说这些，我也就回答了你的问题。叙事教育在教育实践中的运用，无外乎就是两个途径：一是通过对教育叙事的持续写作与研究，从心态上和行为上改变教师的教育实践，你所讲的最近自己的变化，就是其中最为直接的例证；二是通过对叙事德育手段的理解和使用，尽可能让德育变得柔软而有效，实现入脑、入心的德育效果。说得通俗一点，就是改变目前德育空洞、强硬和低效的局面，尽可能让德育以故事的方式出现，也就是所谓的软德育。

换句话说，叙事者现在所做的阅读与写作，只是为了提高教师的基本素养和能力，特别是叙事的能力。如果有一天，时机成熟了，我们会走向越来越精深的专业研究。比如，叙事型主题班会的研究，我已经开始在做，但还在路上。如果你有兴趣，我们一起努力。

最后，我还是想告诉你，读你的文字，我可以感觉到，你依然是两年前的你。我对你的评价依然是那六个字：干净、纯粹、清澈！

在这个被过度开发的世界上，人的精神也多被这样那样的观念浸染，像你这样的纯粹已不多见。希望你能保持，因为教育需要真正的干净、纯粹、清澈！

谢谢你！

王维审
2016 年 3 月 1 日夜

给王维审老师的第二封信

王老师：

您好！30 天的写作，让我意识到教育里可以没有声嘶力竭，也可以没有粗暴喝止。因为写给学生的一封检讨书，我收获了学生的理解和信任，我与学生的心灵距离也拉近了很多。开学后，我开始了"把我写给你看"系列叙事写作，每天写一篇文章，记录我的喜怒哀乐和生活点滴。我只是把自己的所见所闻、所思所想和真实感受写下来，呈现给学生；打开自己的心扉，让学生自己感受教师的心，让每一位学生都能感受到我的真诚。

通过写作与反思，让我进一步清楚了自己以前在班级管理上是多么自私。其实，我制定并在班里实施的一系列的班级自我管理的措施，名义上是让大家学会真正的自治、自育，但这些管理方针都是我一手制定的。我自以为是为了学生好，但学生是否真正接受，又是否乐意执行，我根本没考虑过。我制定这些班规措施的目的就是保证自己的班级别出事。我这么做是为了让班级量化争第一，让领导表扬我，让我得到荣誉。我有多少是为了学生真正的快乐成长呢？有，但很少吧！

挑战者写作活动，让我开始了认真的反思，学生开始有了变化。那么学生们怎样看待我的改变呢？李鸿雯在《新学期，我想对你说》中写道：

> 我个人认为班主任你写的那篇稿子把自己剖析得很对，自我认识很到位。不可否认的一件事就是，老师你是一个自控力很好、勤奋、刻苦的人，可十六七岁的我们不是你这样的人，我们还做不到不偷懒，我们也做不到处理各种各样的事情的时候把方方面面都考虑到。
>
> 老师，你做很多事情的时候都会很烦躁。比如说每次大扫除的时候，我们组同学要去大厅打扫门缝。每次你都说："用嘴吹！用嘴吹也得给我吹干净！"因为你要的标准是干净，质量就要进一步提高，所以速度肯定会下降。但是干得慢了，你又会说："慢死了！这点活都干不好！"总之，现在，老师你在我的心里的印象还是那个大大咧咧，有点没心没肺的班主任，望你悬崖勒马！

这就是我刚开始写教育叙事之后，我们班学生敞开心扉给我提的建议。当我写到第十七篇《把我写给你看17：因叙事而改变》时，学生们又有怎样的变化呢？李鸿雯同学在周记里自称是一位"反动"情绪很高的人，她也给我写了两封信——《给王玉鹏同志的道歉信》和《给王玉鹏同志的感谢信》，信中写道：

感谢你重视了我的看法,并把它当作一件大事,用尽全力去对待。这让我感到我的周记没有白写。感谢你能从生活中开始约束自己,开始为我们的处境着想,开始为我们加油、打气。那天跑操,我们刚上完体育课,全身一点力气都没有,根本抬不起来腿。我们比排头差了将近半圈的距离。要是以前,你一定会说:"你们快点跑!都差半圈了!快点跑!"可现在的你不一样了,你说:"加油!加油!加油!坚持下去,你们可以!"你还会说:"加油啊!冲刺了!"听到你能这么说,我真的很感动,很感动。我的心里很开心,我当时就想:就算累死,我也要把这最后一圈跑完!

这就是我们班54位同学的缩影。同学们的这种变化让我高兴、吃惊、感动、欣慰,甚至让我落泪!我一直在思考:学生为什么会有这样的变化?我并没有要求学生反思,也没有要求学生写下来。这些都是自觉自愿的行为。我做了什么呢?我只是改变了我自己。以前,我看见任何同学都可以立马想到他的缺点,就忍不住想"熊"他两句。而现在我看到哪位同学都觉得那么可爱,越看越可爱,就不自觉地想表扬他两句。从开学到现在我没有在班里发过一次火,没有再因为学生违纪而大声斥责过他们。相反,我学会了和同学们商量解决问题,学会了听取学生的意见、建议,学会了理解、尊重、宽容对待学生。

我常对学生说:你就是你世界的中心,你变了,你的世界就变了!这句话用在现在的我身上真是再合适不过了!感谢您,让我因叙事而发生了改变;感谢叙事者,让我的学生有机会接受真正的教育!

王玉鹏
写于2016年3月20日晚

相信叙事的力量——兼复王玉鹏老师

王玉鹏老师在参加了叙事者的"寒假挑战"活动后,每天坚持写教育叙事,并在写作中不断反思自己曾经的教育实践。在写的过程中,他的反思及感悟越来越深刻,对自己的教育失误也越来越后悔。于是,在挑战结束那天,他流着泪给学生写了一封《道歉信》,并公开张贴到了教室里。也就是从那天起,王老师决定坚持写"把我写给你看"系列,并通过博文的形式,把自己的感受和感想分享给学生。

至今天,王老师的"把我写给你看"系列已经写到了第 20 篇。这 20 篇文章,有对自己教育失误的真诚歉意,有对班级问题现状的困惑,更多的还是对学生源自内心的爱与鼓励。我阅读了些文章,细腻、朴素、干净,却无不透着清朗的真诚。从文章里,很容易可以看出王老师自我反思后带给学生的影响,以及班级里发生的可喜变化。按照王老师的说法,原来他的班级管理很"硬",现在很"软",但效果很好。刚开始我们读到的那篇学生的周记,就是在这样的背景下写出来的。这应该是对王老师系列写作的最好回应。

从老师一个人开始写,到学生和老师一起写;从老师的自我反思开始,到学生的群体反思。这样的效果,是我最愿意看到的,值得每一位叙事者去尝试。

在随后的 QQ 交流中,王老师一再强调,并不是一两个学生发生了改变,而是一群学生在改变着班级。他说:"我很吃惊!这样的结果是我没有想到的。"是呀!就像王老师一样,他在开始走上叙事这条道路时,肯定是抱着将信将疑的态度开始的,只不过他的坚持更持久一些。坚持了不久,他就有了意外的收获,以至于感到很"吃惊"!他还说,看到他痴迷着写作,很多人以为他"疯了"。这样的感受,我能理解,并且比他的感受还要深刻得多。

这么多年来，在我工作时间最长的那个单位，不是也有很多人觉得我"另类"吗？前些日子，有一位曾经的同事告诉我："咱们一起工作了八九年，还真是没有认真地说过一次话，让我确实对你不是很了解。"也许，我那个时候过度沉迷于自己的世界，忽略了太多的人情世故。而在这样的一个人情社会里，坚守自我，往往就意味着自我隔离。今天的王老师，开始了自我的寻找，不可避免地也会受到别人的"冷眼"，这是一个无法回避的现实。所以，我回复了他一句话："想做点事，就得先变成别人眼里的'疯子'！"

可是，我真的不愿意他再走上我那条艰难曲折的道路。在鼓励的同时，我告诉他，要多与学校领导沟通，告诉他们自己的成长以及学生的成长；务必多与同事交流，无须讨好但要有必要的沟通。我希望，他能在坚守自己的路上，走得稍微温暖一些。

聊得正热，他突然说："我要马上下线了，我决定写一篇文章，谈学生和我的变化。"我很高兴，这样一个为了参加挑战活动才开通博客，才开始撰写文章的青年教师，在短短的一个多月里，竟然收获了叙事的习惯和反思的能力，并把这些通过文字传递给了自己的学生，让学生也有了意料之外的成长。

这自然是叙事的力量。从这个角度来说，叙事绝不仅仅是写几篇文章，它是一种更为温暖的教育，也就是我一直倡导并坚守的叙事教育。

我希望，越来越多的人能够认识到这份力量，并走到叙事教育的实践中来。

给王维审老师的第三封信

王老师：

您好！从开学到现在，我一直坚持写"把我写给你看"系列，现在已经写了50多篇。这50多篇文章，引发了我们班54名学生共同的反思。我习惯了自我批评,学生们习惯了自觉改变。在这个过程中,我们不断审视自己、反思自己、否定自己、推敲自己、突破自己乃至超越甚至升华自己!按照您的话说,这就是叙事的力量吧!

今天写这封信,是想告诉您一件事。我们班有一个学生,竟然模仿着我的写作方式,也开始了她自己的《把我写给同学们看》。

2016 年 4 月 10 日　周日　天气晴

把我写给同学们看

高　阳

今天,我想起了班主任写的"把我写给你看"系列,他每天都在寻找自己的缺点,并不断改进。我也想写一个属于我的"把我写给你看"系列。

我这个人比较外向、活泼、爱交际。这些虽然好,但有时候会破坏班级纪律,影响其他同学学习。以前我并没有考虑到这一点,我只想着自己。直到上个星期,有同学跟我说,我上自习课说话容易影响其他同学学习,我这才认识到问题的严重性。首先我在这里向全体同学真挚地道歉,也向班主任道歉。并且,我以后会尽力在自习课上不说话,不大声喧哗。

我希望在未来的岁月里,我们一起为前程、为梦想、为自己拼搏!带着属于我们的骄傲,属于王玉鹏班的骄傲,向前方奔跑。我们有一个共同的信念:创造属于我们的辉煌,寻找属于自己的天空!

这让我很欣喜,我没有想到叙事的力量如此之大,竟然能够让一个从不愿意动笔的学生拿起笔来写自己。我想鼓励她写下去,一直写到我们毕业为止。还有,我们这个班级再有两个月就要毕业了,我想在带新的班级时,把叙事写作当成班级管理的主要手段,希望能够继续得到您的指导!

还有,我要感谢您给了我在众多老师面前讲述自己成长经历的机会。虽然我的发言可能并不理想,但在准备发言的过程中,我也得到了锻炼和成长。在展示自己的时候,我也发现了自己的不足和缺点。关键是"因祸得福",得到了您的指导,有了一次和您单独交流的机会。您的时间那样宝贵、紧张,我太荣幸了。我一定坚持走自己的叙事教育之路,争取更大的进步!再次感谢您的指导!

王老师,我知道您想让更多的教师,尤其年轻教师自发成长。也许在您看来,多影响一位教师,就可能多改变一群学生的命运!您的做法用功德无量来形容一点也不过分。但是看到您这样奔波忙碌,挺心酸的!您的这种精神让我感动、吃惊、佩服!同时我也惭愧,自己何尝这样努力过?但我真的希望您能得到充分的休息和适当的锻炼!

您是叙事教育的总发起人,叙事者团队的灵魂人物。照顾好自己不仅是对自己负责,也是对我们这些粉丝的责任。我不知道这儿怎么表达合适,可能说得不恰当,请您不要责怪我!

王玉鹏
2016 年 4 月 24 日晚 8 点

如何开展师生"共写叙事"——再复王玉鹏老师

读到王玉鹏老师的来信,深感欣慰。这位年轻教师,终于迈出了叙事研究的第一步。在信中,他所描述的师生之间的共同写作,其实就是叙事研究的一项内容——师生共写叙事。

当然,王玉鹏老师的"师生共写"属于无意识中的水到渠成,算是教师的叙事写作对学生产生的自然的良性影响。这样的影响,对于班级管理和师生成长必然会带来正能量。但是，若想把师生共写的作用发挥到极致，有一些事项还是需要做点提醒的。

首先，要关注交流平台的多样性。从王老师的信中我们不难看出，他的叙事写作是最为传统的纸笔记录的形式。老师把自己的文章写在纸上，然后贴在教室的墙上，学生通过围观的形式进行阅读。学生的文章则是写在周记中，几乎只有教师可以读到，交流的效果和力度肯定会受到限制。实际上，现在的交流平台多而丰富，基于网络的交流形式也更容易被学生接受和使用，王老师完全可以开辟更多、更具有现代元素的交流平台，比如博客、QQ 空间、班级网站等。当然，传统的交流方式也有其独特的价值。师生亲手撰写的文字，本身就蕴含了一定的人文情感在其中，纸张等载体也似乎更具有厚重的质感。所以，交流平台的选择可以多样化，根据班级实际和师生的生活环境进行选择，尽可能给师生的交流带来美感和方便。

其次，要关注交流内容上的互动性。师生共写，不仅仅是师生一起写，这其中的"共"应该还包含着引起共鸣的意思。也就是说，师生自说自话、各写各的文章，肯定算不上共写。大体上来说，师生的共鸣有以下三种形式：一是老师写的某篇文章引发了学生的思考，学生随之而写出自己的思考和感受；二是学生对某个事件的认识触动了老师和其他学生的思维，老师和其他学生随后写出各自的观点和建议；三是班级里的某件事触发了大家的共同"神经"，不约而同地用文字来表达内心世界的波澜起伏。其实，有了互动，才会有碰撞，也才会有共鸣，事件的意义和价值才能得到最大化的彰显。

再次，要关注交流策略的艺术性。平台的多样，内容的互动，并不意味着"共写"要整齐划一。共写并不需要统一模式，而是需要因人因事而异的多样化策略。比如，班级的一些共性问题，可以拿出来作为公共话题的素材，在开放的网络平台上交流和碰撞，甚至进行持续的互动讨论，直至形成班级整体的意向和意志。而一些个体的问题，则更适合师生之间"一对一"的交流，这时候基于纸张和笔墨的书信或许更能够打动彼此，让交流和互动得以持续和深入。什么样的事，适合于哪一种互动方式和平台，不仅仅是考验教师的经验和智慧，更能够体现出为师者的教育艺术。

以上三点，是开展师生共写叙事最重要、最基本的要求。我把它写出来，既是给王玉鹏老师的回信，也是给所有开展这项研究的叙事者以建议。

感谢王玉鹏带给我的思考，也祝愿他在师生共写的道路上越走越远！

从"挑战活动"到"成长团队"

2016年3月9日,《中国教师报》整版刊发了记者宋鸽对"挑战活动"的采访报道,题目是《叙事者:从"挑战活动"到"成长团队"》。本文便是当时的报道。

2016年1月23日13时41分,山东省临沂市兰山区教体局教研员王维审在个人博客上发布了一篇博文《寒假,你敢挑战吗?》。在文章中,他邀请老师们参与"叙事挑战"活动——在寒假30天里,坚持每天撰写一篇500字以上的教育叙事,并且必须保证是当天的原创作品。30天结束后,坚持到底的教师就算挑战成功。

山东省日照市实验中学副校长马锋看到这封挑战书后,毫不犹豫地决定要参与挑战。近几年,学校来了一批青年教师,为学校注入了新鲜血液。但青年教师的成长十分缓慢,中老年教师的职业倦怠也有明显加剧的势头。作为管理者,马锋十分焦急。遇到这样一个活动,马锋既欣喜又胆怯,欣喜的是有这样的一个机会,检验一下自己的耐力;胆怯的是不知道能不能坚持到底,特别是在春节这样的当口。思之再三,马锋决定还是拾起那颗"敢于挑战自己的心",做一条"鲶鱼",希望能够搅动这池青年教师成长的活水。

今年的寒假是山东省临沂市兰山区义堂中心小学年轻教师朱虹雨成

为教师后的第一个假期，她正在思考着假期该做些什么的时候，无意中在博客上看到了王维审的文章。看到这封挑战书，朱虹雨迟疑了一下：自己教学经验不足，也没有尝试过叙事写作，坚持30天，能做到吗？随即，她又想起，放假那天，曾与学生约定假期要同他们一起进步，孩子们的眼神充满期待。于是朱虹雨下定决心要参与这个活动。"我想，有勇气参加，也是一种进步。"朱虹雨鼓励自己。

挑战，最重要的是唤醒

博文发出后，王维审就一直关注着博客的访问量。当天晚上10点，这篇博文的阅读量突破1000人次。这些人中有多少人会参加挑战呢？看着评论中"说实话，我还真不敢挑战"之类的话语，王维审的心里一直在"打鼓"。24日下午，挑战报名工作截止。负责统计工作的临沂市第五中学教师陈晓燕和临沂市涑河实验小学教师闫凡伟告诉王维审，总共有206人报名参加挑战。这一刻，王维审心里的那块石头才落了地。206，已经是个不小的数字，短短一天有这么多人回应，他看到了希望。

1月25日，叙事者挑战活动正式开始。早上9点，便有人推送了第一条挑战博文《成长的喜痛，我也去试一把》，推送者正是马锋。

挑战者的热情瞬间点燃了寒冷的冬天。挑战越来越激烈，关注这项挑战活动的人也越来越多，每天都有为数不少的人申请进入"挑战群"参加挑战。和群里的其他管理员商量之后，王维审做出了一个决定，在正式挑战者之外另设"自我挑战者"。他们不在正式考核范围之内，只是跟着挑战队伍自己考核自己——从入群的那一天起，进行持续30天的写作挑战。就这样，部分通过初试筛选的"自考者"进入"挑战群"。2月23日，正式挑战活动结束，但有人仍继续走在挑战路上。从活动第一天便参与的到活动第24天刚加入的，不同时开始的脚步同时在前进。那一天，挑战群的成员达到 452 人。

是什么力量吸引这么多教师在春节假期间，如此"狂热"地投入到活动中？王维审认为，因为"这次活动的召唤是有温度的，我们的出发点是美丽的。我们的挑战书开启的是每个人内心成长的愿望，而这种以人性温度为背景色的开始，也就决定了一个团队持续运行的动力。"

参与的挑战者，无一不是被那封充满温度的挑战书所打动。王维审在挑战书中写道："你有多久没写作了/还记得在日记本上写出的第一段话吗……可能你也动过笔/可是没有坚持下去/毕竟一个人走路是很容易懒惰的/但是/如果有一群人陪着你呢/也许会大不一样……"这样的文字，恰似一位老朋友的嘘寒问暖，既轻轻叩开了许多人内心里已经蛰伏了的过去，又隐隐蕴含了一点惋惜、一点暗示、一点提醒，直抵人的内心。到这里，挑战书对心灵的呼唤还没有结束："寒假是修复心灵最好的时节/一个月的时间/或许你收获的不仅是放松和休息/还能顺便捡回不小心玩丢的那个自己……"诚如叙事者徐赟所说："这里没有奖金的刺激，也没有必须参与的强制，只是一种召唤，一种情怀，一种战胜自我的诱惑……"当战胜自我成为一种诱惑，叙事者就具有了行走的精神动力。事实上，通过阅读叙事者的挑战博文能够知道，很多叙事者就是因为被这样的文字击中而斗志昂扬地参加了挑战。

叙事，一直是成长的力量

王维审是一个有叙事情结的人。工作 20 年，他撰写了 700 多万字的教育叙事，个人也在不断地写作、不断地反思中获得了成长。从"教育叙事"到"叙事教育"，对"叙事"的执着让他有了"叙事者"的雅号。

王维审一直希望能够把自己的成长经历分享出去，让青年教师少走弯路。为此，他做过各种各样的努力。最初的时候，他为了鼓励青年教师走上教育叙事写作之路，曾经不惜花费大量的精力帮他们修改文章，并推荐发表，以期激励青年教师坚持写下去；后来，他到处开讲座，不断宣讲教育叙事对教师成长的意义和价值，呼吁更多的人进入到叙事研究的领域之中；再后来，他开始做团队，为很多学校的"官方"成长团队做引领……但最终他发现收效甚微。他一度怀疑：难道自己的叙事研究并不具备影响教师的力量吗？

"我发起这次活动，是想验证两个问题，一是教师群体中到底有多少真正愿意读书和写作的人，二是看看自己一直痴迷的叙事研究到底还有没有价值。所以，我这次提出的挑战就是进行持续的教育叙事写作，附加阅读他人的叙事文章。"说这些话的时候，王维审的神情是坦然的，或许他已经从这次挑战活动中得到了理想的答案。

除夕之夜，就在举国上下共赏春节联欢晚会的时候，挑战群里挑战者的博文发布依然持续不断，甚至比平时热闹了许多。这个时候，无论是回老家过年没有网络，手机信号又不好，只能蹲在村外的高岗上用手机发表博文的；还是远在异国他乡游学未归，夜里跑到宾馆大堂或者商城里寻找无线网络评论博文的；抑或守在家中一边陪家人看春晚，一边不停翻看挑战群聊天记录的……他们的心都因彼此的温暖而沸腾着。

这里面，有一个人让王维审钦佩不已，他就是马锋校长。此刻的他正守在病床前，一边陪着妻子打吊瓶，一边用手机发博文，还不时地在群里鼓励同行的挑战者坚持挑战。在整个挑战过程中，他的博文数量和质量都远远超过规定的标准。30天，他撰写了整整100篇博文，大年初一那天，他仍然写了4篇博文。

但是，他的挑战失败了。因为2月11日那天，他没有发博文。而没发博文的原因，是为妻子办理转院手续，陪病重的母亲在医院诊查，为发烧原因不明的女儿忙里忙外……心力交瘁的他，在那一天没有发博文。当王维审通过网络联系他，表达了对他挑战失败的遗憾时。马锋说："第一,我尊重规则,失败了肯定是我没有做好;第二,参与就是成功,我和其他挑战者一样,最大的收获是被叙事点燃了成长的力量。"

王维审说:"我很幸运,在我即将对自己的叙事研究失去信心的时候,挑战给了我希望和力量。我相信叙事的力量是一直存在的,这份力量就在于老师之间、师生之间的彼此点燃。"

行走,从春天开始出发

2016年2月22日,元宵节。当记者见到叙事者管理团队时,他们正在"春天咖啡"舒缓的音乐背景下讨论得热火朝天。王维审说:"我们这些骨干成员代表聚过两次,第一次也是在这里,我喜欢这家店的名字。春天,总能给人希望。"

他们的第一次相聚,是在13天前,挑战时间过半的时候。随着挑战活动的发展,挑战者从"轻松写出第一篇文章"到几天后的"写到山穷水尽"时,再到挺住以后的"柳暗花明",每个人的精神气质都开始朝向了王维审所希望的那种"叙事味"。他感觉,叙事已经成了他们这一群人的"精神长相","叙事者"逐渐成了他们的精神符号。也就在那次相聚时,他们决定成立团队,团队的名字就叫"叙事者",并开始了从"活动"到"团队"的艰难转型。

这一次,他们理顺了叙事者团队发展的基本思路:以"共读、共写"为叙事者基本素养提升手段,以"展示、交流"为叙事者发展提升策略,以"专业研究、特色培育"为叙事者成长目标,打造"叙事者"民间教师成长团队。这一次,他们梳理了挑战以来逐渐形成的团队文化:提出了团队的基本理念,确认了团队的形象徽标,修订了团队的队歌。这一次,他们明确提出了叙事者团队行走的四种常态:悦读、共写、交流、研究。这一次,他们优化、开发了五种展示互动平台:"叙事者群"、叙事者博客、叙事者微博、叙事者微信公众号、叙事者电子杂志。这一次，他们确认了叙事者团队四大动力支持系统：发展项目部、读书项目部、写作项目部和推广项目部。

看到他们对团队的整合做得如此系统，那么这个团队又与王维审之前所推动的"官方"团队有什么区别呢？王维审认为，叙事者像其他教师团队一样，注重教师读、写、交流三项基本素养的提升，但又不限于此。他说："叙事者最终将会走向专业研究，我们将根据群内人员的专业流向，及时筹建系列研究方向更为精细的专业团队，让每一位叙事者成为叙事研究者。"当记者问及能不能谈谈更为详细的行走方案时，王维审说："我们将利用挑战结束后两周的过渡期，精心准备，到时候，一切都会看得到！"

3月1日，叙事者微信公众号推出了王维审的一篇文章《从三月出发：叙事者常态行走提示》。在里面，记者读到了他们2016年度的三大主题：写作主题——我的教育叙事，阅读主题——深度拥有一本书，交流主题——朝向心灵的交换。在里面，我听到了他们阅读项目推出的第一期"有声导读"。

那声音，在三月的第一天，与叙事者前行的号角一起共振！

从三月出发，那不也就是从春天出发吗？

（《中国教师报》记者　宋鸽）

为了更好地行走

2016年3月,《师资建设》以特稿的形式刊发《叙事者,一个民间教师团队的形成样本》一文,对叙事者教师成长团队的样本价值和意义进行了剖析。"叙事者"一度成为民间教师团队形成与发展的标杆与榜样。

在挑战活动结束的那天,《中国教师报·教师成长周刊》记者宋鸽对我们团队进行了长达10个小时的专访。在这个过程中,这位长期研究教师成长问题的资深记者,与叙事者管理团队就"民间教师团队"存在的问题进行了深度对话:民间教师团队,"走下去"更具挑战性。

是的,对于大多数"民间教师团队"来说,最大的问题就是走下去的持续动力不足。这几年,各种团队风起云涌,但大都在短暂的闪耀之后,迅速归于平淡。我们叙事者也将面临这样的问题,挑战只是唤醒了叙事者们内心深处已经隐匿起来的那份激情,如何保持这份激情,并持久地走下去,确实是一项更具挑战性的挑战。好在,我们已经在行走过程中一点点凝聚出了叙事者独有的精神特质,明确了团队行走的五大路径,我们已经具备了一个团队应该具备的一切核心要素,并且是一种高品质的高位建构。

于是,我们有了自己的叙事者文化,有了自己的《叙事者手册》。

《叙事者手册》之"我们是谁"

叙事者,以叙事为行走方式,"叙事教育"的实践者。

叙事者,拥有同一种精神长相,以"叙事教育"为心灵信仰,崇尚叙事的力量,相信叙事对教师发展和学生成长的根性意义。

叙事者,一个成长团队,由王维审倡导并发起的教师专业发展共同体,以专业叙写、专业阅读和专业引领为常态行走方式,以叙事研究为基本成长路径。

《叙事者手册》之"形象及解读"

徽标的标志图案由一支笔抽象而成,整体形象为汉字"文",也可以看成偏旁部首"讠",还可以抽象为一个人飞翔的姿态,意喻着:叙事者是借用文字叙读教育的人,阅读和写作是我们飞翔的力量。外面的多层圆环寓意读书圈、写作圈、朋友圈,代表了我们是一个紧密团结的成长团队。图案中蕴含了"XSJY"四个字母,分别为"叙事教育"的拼音首字母,代表了叙事者团队的最终研究方向是"叙事教育"。

《叙事者手册》之"叙事者之歌"

笔尖上的花
（叙事者团队之歌）

卜庆振 词
韩 敏 曲

1=F 4/4
♩=84 叙述地

你说你在等一朵花，那是笔尖盛开的花。春夏秋冬 永不凋零，生长着故事芬芳着家。
你说你有一个故事，那是一个真实的故事。酸甜苦辣 都在其中，哭过了还会笑着继续。

笔尖 下 流淌 故事，故事里 有我 有你，我和 你曾经 一起，写春秋 育桃李 春风化雨。
笔尖 盛开 的花，故事里 最美 的花，如今 开遍海角 天涯。 笔尖 我和你一起 用心 呵护 她。我和你 一起 用心 呵护 她。

《叙事者手册》之"互动交流平台"

1. 叙事者QQ群：138833692

2. 叙事者博客：

http://blog.sina.com.cn/woshixushizhe

3. 叙事者微博：

http://weibo.com/u/5849881351

4. 微信公众号：

微信搜索"woshixushizhe"

《叙事者手册》之"团队动力系统"

1. 发展项目部。整体协调叙事者团队综合事务，重点做好团队成员展示、专家引领时的服务工作，包括联系、海报宣传、讲座主持、活动考核等。

2. 阅读项目部。系统规划、组织实施叙事者阅读活动，协调读书活动中专家与志愿者的服务工作，做好读书感悟等的发布及考核等工作。

3. 写作项目部。做好叙事者写作项目的整体规划、深入推进，负责教育媒体征稿信息的整理、转发等工作，做好写作活动的博文链接及考核等工作。

4. 推广项目部。负责叙事者微信公众号（woshixushizhe）的维护与推广，电子杂志、纸质杂志的设计与制作，叙事者博客、微博的日常维护。

《叙事者手册》之"常态行走方式"

1. 叙事者·悦读：每月前三周，读书项目团队通过多种形式进行导读（内容上包括领读人做的"启动导读"和"问题导读"，全体叙事者均可做的"聊书式"导读；形式上分为有声导读和文字导读），完成整本书的首次阅读；第三周周末，由项目团队发布读书交流主题，引导叙事者进行为期一周的反刍式深度阅读；第四周周末，在固定时间举行"线上书吧"读书交流，每人撰写一篇读后感。

2. 叙事者·共写：每月至少撰写三篇教育叙事，每篇教育叙事字数要在800字以上。前三周的周六6：00—24：00，每人选择一篇最优秀的教育叙事作为叙事者"成长作业"在QQ群内展示交流。

3. 叙事者·交流：每月第二周周末，由发展部负责一期（展示、引领）"名师讲坛"交流活动，由群内名师进行特色展示，由群外名师进行成长引领。叙事者团队成员需按时参加，发展项目组负责对参加人员进行考核，并整理展示交流材料。

综上，叙事者成员，每个月内需要参加两次线上活动（一是"线上书吧"，一是"名师讲坛"），撰写4篇文章（3篇"成长作业"，1篇读后感）。我们将对各种活动的出勤及作业提交情况进行考核。

《叙事者手册》之"成长理念与策略"

成长理念：我们不会制造成长，我们只能影响成长。

策略路径：团队升级、专业研究、联合成长。

团队升级：叙事者QQ群（138833692）作为叙事者成长的孵化场，进群门槛较低，一切践行"叙事教育"，愿意一起成长的人均可进入。在这个孵化场，我们主要进行"三种常态行走"，并通过对"悦读、共写、交流"三项活动参与情况的考勤，逐步确定叙事者骨干成员，组建"叙事者·精英群"，进行更加专业、科学的成长。

专业研究：在行走过程中，我们将根据叙事者的特长方向，逐步组建各种专业研究"工作室"。在做好团队成员基本素养提升的基础上，打造特色，形成个人和团队品牌。我们把"叙事教育研究"作为根本的研究方向，主要从学校德育的叙事化改造、班级建设的叙事化改造、叙事型主题班会的模式构建、叙事与家庭教育的契合、叙事与心理健康教育的整合、叙事与学科教学的契合等方向开展研究。

联合成长：我们愿意和任何形式的教师团队一起成长。联合的主要形式有两种：协同，即与各种教师专业成长团队建立合作交流关系，互相补充，彼此促进；融合，学校或区域成长团队，整体加入叙事者，成立"叙事者·某某团队"，叙事者给予网络上的成长影响，小团队重在开展独特的线下活动。

后记：关于"叙事者"

在此之前，我曾经做过一些教师成长团队，多是依托学校建立的教师成长组织。这些团队的共同特点是缺乏团体动力，活力不足。在行政力量支撑渐淡之后，团队的组织结构也就开始涣散，要么形同虚设，要么彻底消失。即使是在权力推动之下组织起来活动，名不副实、假大空等问题也严重存在，对教师的成长作用远达不到预设的效果和目标。究其原因，或许"叙事者"的形成过程能够给我们一些启示。

自愿，团队行走的内驱力。我前期所做的教师成长团队，大都是由学校领导推荐、指派团队成员。有些学校虽然在表面上是领导号召、教师"主动"报名，但大都经过了幕后的动员。有的老师甚至是为了迎合学校的号召，看在"领导权威"的面子上才勉强申请加入团队。在这个过程中，"权力因素"或明或暗地存在着，所以这些成员大都属于"被主动"，是典型的"被成长"。而"叙事者"则是一个彻头彻尾的民间团队，成员之间既没有隶属关系，也无上下级区别，他们融入这个团队皆是"因自己的心"，是一种自觉自愿的自发成长。叙事者寇介芳在挑战期间参加了学校安排的中韩交流活动，已经是"老花眼"的她，只能在字体比较小的 iPad 记事本里写博文。她的博文，大多是在韩国时间的凌晨完成的。她所在的韩国青少年活动基地网络不稳定，经常断网，她就到楼下大厅里或者是商场里去发博文。她在挑战的最后一篇博文中说："在我三十多年的教育生涯中，没有哪一次上级组织的活动能让我如此痴迷地投入，高度地自律，长久地激动。原因很简单，这是我自己的选择。"

叙事者团队，之所以能够快速形成行动力，正是基于每位成员的"自愿行走"。除夕之夜，就在举国上下共赏春节联欢晚会的时候，我们群里挑战博文发布依然持续不断，甚至比平时热闹了很多。有一位叙事者在博文中说："我在想，假如这是学校在除夕夜布置的工作，我们会怎样？肯定是牢骚满腹，怨声载道。但是，这是我们自找的任务，我们只能坚持。即使有承受不了的困难，也得硬硬憋回去。"一个"憋"字，就把因为自己选择而必须竭尽全力的决心，淋漓尽致地表达了出来。而这其实就是教师的自主发展意识，属于教师成长的"内力"。对于叙事者团队来说，有一颗愿意成长的心就是行走的强大内驱力。

温度，团队形成的背景色。教育行政推动下的教师团队，在启动时往往会以通知、公告、文件等形式进行宣传，内容和表述大都过于公文化，里面很少有情感因素存在，极难与受众形成共鸣。《寒假，你敢挑战吗？》则不同，它从一开始就带有情感的温度。第一段，"你有多久没写作了？还记得在日记本上写出的第一段话吗？还记得在QQ空间写日志的那段时光吗？还记得在各种网站上开通过的那些博客吗？"一连四个老朋友式的追问，既提醒了阅读者曾经的写作经历，又隐隐蕴含了一点惋惜、一点暗示、一点提醒。第二段，"可能你也动过笔，可是没有坚持下去，毕竟一个人走路是很容易懒惰的，但如果有一群人陪着你呢？也许会大不一样！"这里面融入了理解、宽容，还柔性地提出了建议，并埋下了一个小小的诱惑，动人、动心、动情。第三段，"寒假是修复心灵最好的时节，一个月的时间，或许你收获的不仅是放松和休息，还能顺便捡回不小心玩丢的那个自己。"这就定下了整个活动的基调——找回自己。寻己，深藏在每一个人内心深处的渴望，而我们的挑战书恰恰就是击中了这个要害。

当战胜自我成为一种诱惑，叙事者就具有了行走的精神动力。为什么我们的活动会在短时间内凝聚起全国各地的那么多人？为什么我们的团队从形成那天就具有了强大的力量？我想，因为我们的出发是美丽的，这份带有情感温度的挑战书，开启的是人心和愿望。而这种以人性温度为背景色的开始，也就决定了一个叙事者团队的高品质、高品位。

点燃，团队精神的黏合剂。在给学校带团队的很长一段时间内，我把自己定位成了引领者。我不断地给他们讲课，不停地督促检查他们的行动。但是，他们依然懒惰，依然得过且过，依然敷衍了事。同样，体制下的教师团队也惯于这样的"灌输制"，培训者与被培训者之间更是容不得有任何的交流。为了保证引领者的尊严，组织者最重要的任务就是维持秩序，这与教师对学生的监管控制如出一辙。似乎，团队的成长只需要引领，引领者以外的成员只能是被动地接受。

叙事者行走至今天，很多事情让我感悟颇深。叙事者耿欣在挑战的瓶颈期，感觉自己无法再坚持下去了，便打算放弃。这时候，王敏老师不断地鼓励她，并心甘情愿地做她的粉丝，不停地评价她的文章，还让更多的人来为她打气助威。就这样，同伴的温暖让耿欣坚持了下来，并最终成为叙事者管理团队的成员之一。有一位校长参加了我们的挑战，意外的是，群里还有他们学校的几位青年教师也在挑战。最终，他们都完美地实现了30天不间断地写作。这位校长感慨地说："真的没有想到他们几个能够坚持下来，在我们学校自己的成长团队里，他们是最不愿意成长的。每当我给他们布置成长任务时，他们的怨言最多。但在这里，我看到了不一样的他们，激情而又富有活力。看到他们这样努力，我怎么能输给他们呢？所以我坚持下来了。"我问其中一位老师为什么能坚持下来，他说："在学校的团队里，我们校长是只说不做的，让我们每周一篇文章，他却一年到头不写一点文字。在这个群里，他都天天写了，我们怎么还敢懈怠?"我想,他们彼此的成功,恰恰是因为校长放弃了以往引领者的尊贵姿态,实现了彼此的点燃。

我觉得,教师自主发展并非"孤立发展"。对于一个教师成长团队来说,成员之间的合作、互助、共享,应该是教师自主发展的重要"外力"。一个理想的教师专业发展团队,最重要的就是实现团队成员之间的"彼此点燃"。点燃,应该就是团队精神的强力黏合剂。